조선 사람들의
약국 이야기,
강진 박약국

조선 사람들의
약국 이야기,
강진 박약국

초판 1쇄 인쇄일	2025년 11월 19일
초판 1쇄 발행일	2025년 11월 26일
기 획	한국국학진흥원
지은이	김덕진
펴낸이	한선희
펴낸곳	국학자료원 새미(주)
	등록일 2005 03 15 제251002005000008호
	경기도 고양시 덕양구 권율대로 656 원흥동 클래시아 더 퍼스트 1519, 1520호
	Tel 02)442-4623 Fax 02)6499-3082
	www.kookhak.co.kr
	kookhak2010@hanmail.net
ISBN	979-11-6797-278-1 *94910
	979-11-6797-264-4 *94910 (세트)
가격	15,000원

ⓒ 한국국학진흥원 인문융합본부, 문화체육관광부

* 이 책의 한국어판 저작권은 한국국학진흥원과 문화체육관광부에 있습니다. 신저작권법에 의해
  보호받는 저작물이므로 무단 전재와 복제를 금합니다.

* 저자와의 협의하에 인지는 생략합니다.
  국학자료원・새미・북치는마을・LIE는 국학자료원 새미(주)의 브랜드입니다.

한국국학진흥원 전통생활사총서 54

김덕진 지음
한국국학진흥원 기획

조선 사람들의
약국 이야기,
강진 박약국

국학자료원

◈ **책머리에**

한국국학진흥원은 2022년부터 문화체육관광부의 지원 아래 전통생활사총서 사업을 기획하였다. 이 사업은 전통시대 생활문화를 대중에게 널리 알리고자 해마다 20명의 생활사 전문 연구진을 섭외하여 추진해 왔다. 지난해까지 40종의 총서를 대중에게 선보였고, 올해도 다채로운 주제를 담은 20권을 발간하였다.

한국국학진흥원은 국내에서 가장 많은 67만여 점에 이르는 민간 기록물을 소장하고 있는 기관이다. 대표적인 민간 기록물이라 할 수 있는 일기와 고문서는 당시 사람들의 일상을 세밀하게 이해할 수 있는 생활사의 핵심 자료이다.

그동안 한국의 역사는 '조선왕조실록'이나 '승정원일기'와 같이 세계적으로 자랑할 만한 국가 기록물의 존재로 인해 중앙을 중심으로 이해되어 온 경향이 있다. 반면 민간의 일상생활에 대한 이해와 연구는 상대적으로 덜 주목받은 것도 사실이다. 다행히 한국국학진흥원은 일찍부터 민간에 소장되어 소실 위기에 처한 자료들을 수집하고 보존 처리하며 관리해 왔다. 나아가 이들 자료를 번역하고 심층 연구하여 대중에 공개했다. 이러한 민간 기록물을 활용하고 일반 대중에게 기여할 수 있는 효과적인 방법으로, '전통시대 생활상'을 생생하게 재현한 대중서로 집필하기에 이르렀다. 이는 일반인이 쉽고 재미있게 읽을 수 있는 전통생활사총서를 간행한 이유이기도 하다.

총서 간행을 위해 일찍부터 생활사의 세부 주제를 발굴하는 전문가 자문회의를 개최하고, 전통 생활문화를 가장 잘 구현할 수 있는 핵심 키워드를 선정하였다. 인간의 생활을 규정하는 보편적 분류인 정치, 경제, 사회, 문화의 큰 틀 아래, 매년 각 분야에서 핵심적이고 흥미로운 키워드를 선정하여 집필 주제를 정했다. 이번 총서의 키워드는 정치는 '지방 수령의 생활', 경제는 '시장 경제와 화폐 유통', 사회는 '질병과 의료', 문화는 '여가생활'이다.

각 분야마다 5명의 전공자로 집필진을 구성하고, 독자들이 어디서나 가볍게 들고 다니며 쉽게 읽을 수 있도록 다양한 사례를 풍부하게 담아달라고 요청하였다. 풍부한 사례 제시와 더불어 전문 연구자의 깊이 있는 시각을 담아 대중성과 전문성을 동시에 담보할 수 있는 것이 본 총서의 매력이다.

전문적인 서술로 대중을 만족시키기는 결코 쉽지 않다. 원고 의뢰 이후 5월과 8월에는 각 분야의 전공자를 토론자로 초청하여 2차례의 포럼을 진행하였고, 11월에는 완성된 초고를 바탕으로 대규모 학술대회를 개최하였다. 포럼과 학술대회를 통해 원고의 방향과 내용이 더욱 견고해지도록 점검하는 시간을 가졌다. 원고 수합 이후에는 각 책마다 전문가 3인의 심사 의견을 받았다. 출판사를 선정하여 수차례의 교정과 교열 작업을 거치며 완성도를 극대화했다. 책이 세상의 빛을 보기까지 꼬박 2년이 걸렸다. 짧다면 짧은 기간이지만, 2년의 응축된 시간 동안 꾸준히 검토 과정을 거쳤고, 토론과 교정을 통해 원고의 완성도를 높이기 위해 분주히 노력했다.

전통생활사총서는 국내에서 간행하는 생활사총서로는 가장 방대한 규모이다. 국내에서 전통생활사를 연구하는 학자 대부분을 포함하였다. 2024년도 한 해의 관계자만 연인원 백 명이 넘는 명실공히 국내 최대 규모의 생활사 프로젝트이다.

1990년대 이후 폭발적으로 증가했던 일상생활사와 미시사 연구에 대한 학계의 관심이 근래 들어 다소 소홀해진 상황이다. 본 총서의 발간이 생활사 연구에 활력을 불어넣는 계기가 되기를 기대한다. 연구의 활성화는 연구자의 양적 증가로 이어지고, 연구의 질적 향상 또한 이끌 것이다. 이는 전통문화에 대한 대중들의 관심 역시 증폭시키는 선순환을 만들어 낼 것이라 고대한다.

본 총서는 한국국학진흥원의 연구 역량을 집적하고 이를 대중에게 소개하기 위해 기획된 대표적인 사업 중 하나이다. 참여 연구자의 대다수가 전통시대 전공자이며 앞으로 수년간 지속적인 간행을 준비하고 있다. 올해에도 20명의 새로운 집필자가 각 어젠다를 중심으로 집필에 들어갔고, 내년에 또 20권의 책이 간행될 예정이다. 앞으로 계획된 총서만 100권에 달하며, 여건이 허락하는 한 이 소중한 작업을 지속할 예정이다.

대규모 생활사총서 사업을 지원해 준 문화체육관광부에 감사하며, 본 기획이 가능하게 된 것은 한국국학진흥원에 자료를 기탁해 준 분들 덕분이다. 다시 한번 깊이 감사드린다. 아울러 총서 간행에 참여한 집필자, 토론자, 자문위원 등 연구자분들께도 진심으로 감사 인사를 전한다. 책의 편집을 책임진 국학자료원에도 고마움을 표한다. 이 모든 과정은 한국국학진흥원 여러 구성원들의 노력이 있었기에 가능했다.

2025년 11월
한국국학진흥원 인문융합본부

차례

책머리에   4

들어가는 말   11

1. 박약국의 설립   13

의·약 분업   15
박가의 약국 = 박약국   22
전라병영의 장교층   30

2. 여러 장부들   39

의약·약재 소매 장부, 『제약책』   41
의약·약재 도매 장부, 『각처각국거래책』   48
약재 매입 장부, 『무약기』   56
외상 장부, 『약가봉상책』 등   63

3. 어느 날에, 어떤 사람이?   67

날짜: 병영장날 3·8일에   69
마을: 병영 사람이 절반   74

4. 고객은 누구이고, 어떤 관계인가? 77

이름: 자와 직역으로 기재 79
1년에 1회, 유력인·서민 86
심부름꾼 — 머슴, 동리인, 가족 94
주문장, 편지이자 장기 101
경제 공동체 — 채무, 작인, 조문 107
박씨가의 부의록 114

5. 팔려나간 약재·의약은? 119

약재를 사서 팔고 121
의약: 조제한 탕약 127
많이 팔린 의약 132
수량: 1-2첩을 137
단가: 첩당 0.2-0.3냥에 139

6. 외상과 보증인 143

결재: 즉상은 적고 외상은 많다 145

고신용자의 보증   151
수금 – 온 친족 동원   158

나오는 말   164

주석   166

참고문헌   169

◈ 들어가는 말

　허준이나 『동의보감』은 자주 듣는 주제이다. 하지만 최근까지 지역 자산가의 주요 근원이 되는 의원이나 약국(약방)에 대해서는 그 흔함에도 불구하고 잘 알려져 있지 않다. 이러한 상황에서 이 글은 약재와 의약을 매매하는 전통 약국에 관한 사례 연구이다.

　약국 소재지는 전라도 육군 최고 지휘부가 있는 강진의 전라병영이다. 오너는 밀양박씨이고, 병영의 장교층 출신이다. 현재 확인된 바로는 박재빈-박장현-박윤원으로 이어지는 3대가 19세기 후반에서 20세기 벽두까지 약국을 경영하였다.

　필자는 우연한 기회에 박씨가에서 소장하고 있는 약국의 약재 매입·의약 판매·외상 관리 장부와 처방전, 그리고 가내의 토지·사채·거래·농사·가계 장부와 일기·편지·부의록 등을 접하게 되었다. 산업시설과 가정경제의 교차 검토가 가능한 이런 유형의 문서는 전국 어디에서도 찾아보기 힘든 자료로 생각되었다. 곧바로 이를 정리하여 서고에 분류·비치하는 일, 사진을 찍는 일, 그리고 전라남도에 문화유산 신청하는 일을 진행하였다.

　이렇게 입수한 자료를 정보 처리하는 작업이 급선무라는 판단을 하여 약국 자료와 집안 자료를 각각 엑셀에 입력하였다. 약국과 가산 두 계통의 입력 정보를 크로스로 이리저리 맞춰보니 여러 스토리가 꼬리에 꼬리를 물며 드러나기 시작하였다. 파편적인 여러 스토리들은 몇 개의 그룹으로 묶어질 수 있었다. 그 결과 박약국을 포함하여 강진 지역에는 어떤 의약 기관이 있었을까, 각 장부는 어떻게 작성되었을까, 박약국은 어떤 약재를 어디에서 어떻게 매입하였을까, 박약국은 어떤 의약을 누구에게 어떻게 판매하였을까, 박약국은 고객과 리스크를 어떻게 관리하였을까 등의 주제가 형성될 수 있었다.

이상의 스토리는 19세기 끝자락 강진 지역 박약국을 사례로 한, 당시의 의약 기관과 약재 유통 및 결제 관행과 회계 방식에 관한 중요한 정보를 제공해 주고, 당시 유통된 약재의 종류와 계절적 수요 및 구매층은 물론이고, 물가를 파악하는 데에도 긴요하다는 점에서 중요하다고 생각한다. 특히 당시 사람의 의약 소비 실태는 당시의 거래 관행이나 회계 질서 및 지역단위 공동체 생활이나 건강관 등 한국사회의 기층문화를 알 수 있다는 점에서 의의가 있다.

1

박약국의 설립

의·약 분업

조선시대의 의료시설은 환자를 치료하며 투약하는 시설, 그리고 의약·약재를 판매하는 시설로 나뉘어 있었다. 의·약이 분업화·이원화 되어 있었던 것이다. 환자를 치료하며 의약을 투여하는 시설을 의국醫局이라 하였고, 문진을 토대로 의약·약재를 판매하는 시설을 약국藥局이라고 하였다.[1]

이러한 의료시설은 공적인 것이 있는가 하면, 사적인 것도 있었다. 공적인 것은 내의원이나 어의를 들 만하다. 사적인 의료시설은 양난 이후 상품화폐 경제와 서민 문화의 발달에 편승하여 성행하게 되었다. 그 결과 개인이 생업 차원에서 민간인을 상대로 설립한 의국·약국이 조선 후기에 전국 곳곳에서 영업 활동을 하였다. 특히 18~19세기 지방에서의 민간 의료업 발달은 전국 곳곳에서 나타난 당시의 새로운 사회경제적 현상 가운데 하나였다. 그 현상의 특징적인 점 몇 가지를 들면 다음과 같다.

첫째, 비의료인이 새로이 의료계에 뛰어든 경우를 들 수 있다. 이 경우 유업에 종사하던 양반 사대부 가운데 유서를 내던지고 의서를 읽어 의약업에 종사한 사람이 있었고, 감영·병영·수영·군현에서 행정실무를 보던 사람들 가운데 의약업에 가세한 사람도 있었다. 그리고 몰락 양반이나 빈한한 평민 가운데 생계 자구책 차원에서 의약업에 투신한 사람도 있었다. 이제 의업이나 약업이 신분을 불문하고 선호 직종이 되었던 것이다.

둘째, 위 결과 의료 종사자가 폭증하게 되었던 점을 들 수 있다. 향의, 유의, 촌의, 의객, 행의, 의상, 약상, 매약, 약장수 등으로 불리는 의료인이 정주 형태나 행상 형태로 곳곳에서 활약하였다. 이는 의서에 의한 의료 지식의 보급과 수입·재배에 의한 의약·약재의 조달이라는 공급적인 측면과 함께 질병·몸에 대한 새로운 인식으로 의약·약재의 선호라는 수요적인 측면이 낳은 새로운 풍경이었다.

셋째, 위 결과 큰 고을의 사거리에 약방이 담을 잇대어 있는 곳이 있었고, 궁벽한 시골에까지 들어가서 개업을 서두르는 의료인이 적지 않았다. 큰 마을은 말할 것 없고 작은 마을에도 의국이나 약국이 하나씩 있을 정도였다. 그곳에는 의약 비결이 책상 위에 쌓여 있으며, 무슨 약이든 갖춰 놓지 않은 것이 없고, 어떤 병이든지 진찰하지 않는 곳이 없다고 할 정도였다. 그리하여 의료업은 신규 고용창출을 선도하여 당시 지역산업이나 가정경제에서 차지하는 비중이 매우 높은 분야였다.

넷째, 의료인 가운데 민중항쟁의 지도자로 나선 경우를 들 수 있다. 이 경우 지사·훈장·의원 노릇을 하면서 동조 인물을 모은 후

1869년 광양농민항쟁을 주도한 민회행, 집안이 가난하여 의지할 곳이 없자 의약 판매로 생활을 유지하였던 1894년 동학농민운동 지도자 전봉준이 있다. 의료행위를 빌미로 떠돌면서 민심을 유혹하는 이가 있다는 기사도 적지 않게 발견된다. 그들이 기본적으로 재야 지식인이어서 그러하였을 것이다.

다섯째, 명의나 명약이 대중문화를 통해 실시간 민간에 중계되어 소비를 진작시켰던 점을 들 수 있다. 전라도 남원을 배경으로 한 한글 소설 『춘향전』에 춘향이 기절하자 암행어사 이도령이 의원을 불러 투약을 명령하는 대목이, "여러 의원 공론하여 명약命藥한다. 생맥산, 통성산, 회생산, 패독산 함부로 명약 내어 바삐 다려 퍼부으니, 만고열녀 춘향이가 회생하여 일어나니"로 나온다. 남원 읍내에 여러 개업의가 있었고, 그 가운데 명의로 소문난 이는 기절한 춘향이를 소생하게 하였다는 것이다. 그리고 운봉을 배경으로 한 『변강쇠전』에 옹녀가 병에 걸린 남편 변강쇠를 살리기 위해 투입한 의약 30종과 약재 42종이 열거되어 있다. 적지 않은 약재와 의약이 소설을 통해 회자되었던 것이다.[2] 또한 판소리 『수궁가』를 보아도, 청심환과 소합환 등등의 약 이름이 나온다. 여기에 나온 의약이나 약재는 소설의 창작자가 치병을 위한 헌신적 노력을 묘사하는 수준을 넘어, 실제 전라도 지역의 민간 사회에서 널리 복용되고 있는 현실을 반영하여 나온 것이다. 그러므로 소설이나 판소리를 통해 위 의약은 민간에 널리 알려져 전문적인 지식이나 특별한 처방전 없이도 대량으로 유통되어 대중적으로 소비될 수 있었을 것이다.

이러한 상황에서 전라도 전역의 의료 시스템도 '의약 분업 체제'로 운용되었다. 그 결과 강진 지역에도 의국과 약국이 각기 들어서 있었다. 강진 지역의 의료시설 상황을 18세기 후반과 19세기 후반으로 나누어 알아보겠다.

우선, 18세기 후반 강진의 의료시설 상황으로 다음이 목견된다. 1769년 서울 종부시에 근무하고 있는 이재 황윤석에게 강진 사람 김문갑이 찾아와서 강진 지역의 소문난 명의에 대해 이야기해 주었다. 그의 말에 의하면, 강진 북쪽 군자리에 중풍 전문의 명의가 살고 있었다. 군자리는 16세기 사림 출신의 양산김씨 김량 후손이 살고 있는 곳이다. 그리고 백운동 원림을 조성한 이의 후손으로 사도세자 부솔을 역임한 이의경의 친족인 원주이씨 이구는 신침으로 이름을 날리고 있고, 그의 아들 이진원은 아비에 미치지는 못하지만 역시 신침으로 평가를 받고 있었다. 또한 이씨가의 술법이 같은 군 보암면에 사는 해남윤씨 윤사혁에게 전해졌는데, 그는 해남 청계면 방축리로 이거하여 집에 약방을 설치하고서 환자에게 겸손하고 성심성의를 다하여 신묘한 술법을 펼치고 있었다. 이로 보아 당시 강진 지역에 명망가 집안 출신의 명의가 경영하는 의국이 여러 곳 있었음을 알 수 있다.

의국이 있으면 당연히 약국도 있을 수밖에 없다. 약국에 대한 직접적인 자료는 찾아지지 않고 있지만, 정황을 알 수 있는 사례는 여럿 발견된다. 예를 들면, 안동 사람 이우가 만인소(영남 유생 1만여 명이 사도세자의 억울함을 풀어주고 해명하라는 상소)로 인해 1806년(순조 6) 1월 14일 유배형에 처해졌다. 20일 서울을 떠나 2월 2일 강진 고금도에 도착해서 유배 생활에 들어갔다. 음식이 입에 맞지 않고 고기 비린내가 위를 뒤틀리게 하였고, 수십 걸음도 걸을 수 없을 정도로 쇠약해지고 있었다. 아버지를 수행하고 있던 아들 이병탁이 의원을 찾기 위해 고금도에서 배를 타고 마도진으로 나와 강진 읍내로 들어갔다. 읍내에 처방을 내리는 의원과 처방전에 의해 약을 판매하는 약국이 있기에 읍내로 들어갔을 것이다.

그리고 경주김씨가 수군진이 설치되어 있는 고금도에서 의업에 종사하였다. 그 후손 김노대金魯大(1801~1855)는 고금도에서 강진 칠량면 영동리로 나와서 약국을 경영하고 『행농보감杏農寶鑑』[3]이란 의서를 남겼다. 김노대는 고금도로 유배해 온 추사 아버지 김노경金魯敬과 같은 항렬이다. 김노대의 조카는 혜민원 주사를 거쳐 일제강점기 때 의생을 역임했고, 어의 출신으로 알려진 그의 장손자도 칠량에서 약국을 경영하였다.

또한 병영 장교로 근무하던 이의 일기에 의하면, 그의 아들이 1857년(철종 8)에 병영의 허문찬가許文贊家에서 형방패독산을 매입한바 있으니, 허문찬은 그곳 약국의 경영자로 추정된다. 병영에는 공납 약재를 관리하는 심약이라는 의약 전문가가 파견되어 있었고 군인을 치료하는 군의도 필요하였기 때문에, 병영의 의약 수준은 다른 곳보다 높았을 것이다.

이어, 19세기 후반 강진의 의료시설 상황에 대해서는 박약국 주인의 동생인 박기현이 쓴 『강재일사』란 일기가 참고 된다. 당시 강진 지역에는 진료를 하는 의국과 약재를 파는 약국이 의료기관으로 각기 존재하고 있었다. 그 가운데 많은 의원醫員이 그가 살고 있는 병영 인근에 활약하고 있었다. 병영 인접의 하고리(최인오), 군자리(박사겸), 용정리(이봉규), 개산리(선선유) 등 4곳에 의원이 있었고, 이들 지역보다는 약간 더 떨어진 곳인 영암 옥천(윤의원), 장흥 어곡(황의원) 등에도 의원이 있었다. 예를 들면, "하고 최의원 집에 가서 형님의 증세를 설명하고서 가미양위탕을 지어와 하루 두 번 달여 마시게 했다. 저녁에 나는 잠시 집으로 돌아와 마을 노인에게 형님의 학질을 막도록 청하였다."(1896년 6월 6일)라고 하였다. 여기 의원은 글쓴이의 아버지, 어머니, 형님 등 가족의 치료를 위해 초빙하거나 찾아간 이를 적시한 것에 불과하고, 대소 가족의 병환 때문에 온 집안이 익명의 의원에게 병세를 묻고 약을 지었던 점을 감안하면 이보다 훨씬 많은 수의 의원이 병영 인근에 존재하였을 것이다.

많은 수의 의원에 비례하여 약국도 다수 존재하였다. 박약국은 필요한 약재를 인근 약국에서도 매입하였고, 약령시에 약재를 매입하러 갈 때에도 인근 약국과 동행하였다. 반대로 박약국은 약재나 의약을 인근 약국에 판매하기도 하였다. 이 사실은 박약국의 약재 매입 장부나 의약 판매 장부에 나온다. 박약국 장부만 보아도 도처에 매우 많은 약국이 있음을 알 수 있다. 그 가운데 박약국이 들어서 있는 고군내면(1931년 병영면으로 개칭)의 경우 박동리에 있는 '박동국', 하고리에 있는 '하고국', 도롱리에 있는 '도롱국', 그리고 지정리의 '윤기봉국', 내상리의 '방매홍국' 등이 보인다. 마을마다 약국이 있었던 것으로 보인다. 다른 면도 고군내면과 별반 차이가 없었을 것이다. 결국 박씨가의 일기·장부를 종합해 볼 때, 주변 마을마다 1-2곳의 의국·약국이 있었던 것으로 파악된다.

박가의 약국 = 박약국

조선 후기 의료산업의 발달에 편승하여 전라도 강진의 곳곳에도 의국과 약국이 각기 들어서서 활발한 영업 활동을 하고 있었다. 전라병영이 설치되어 인구가 조밀하고 유통업이 성한 고군내면에도 영업을 하고 있는 약국이 여럿이었다. 그 가운데 밀양박씨가 경영하는 약국도 있었다. 이제 박씨가 약국의 이름, 등장 시기, 경영주, 출신 성분 등을 차례로 알아보도록 하겠다.

첫째, 박씨가에서 설립한 약국의 이름을 무엇이라고 하였을까? 현재 확인된바로는 박약국, 개성국 등 두 가지 이름이 보인다. 하나씩 살펴보겠다.

우선, 박씨 성과 약국을 조합하여 '박약국朴藥局'이라고 했다. 다음의 자료를 보자.

A-①을 탈초·번역하면 다음과 같다.

朴藥局宅 入納 此去金敬在許 錢十兩出給若何 戊戌六月 十五日 表弟 金能祚 拜上

박약국댁에 보냅니다. 이번에 가는 김경재 편에 돈 10냥을 내어주면 어떠한지요? 1898년 6월 15일 표제 김능조 올림.

그림 1
박약국 상호 A

▼ A-①   ▼ A-②

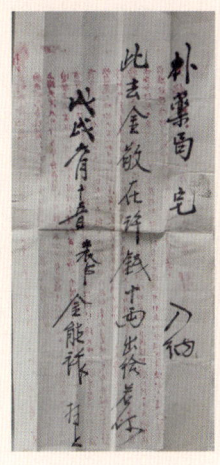 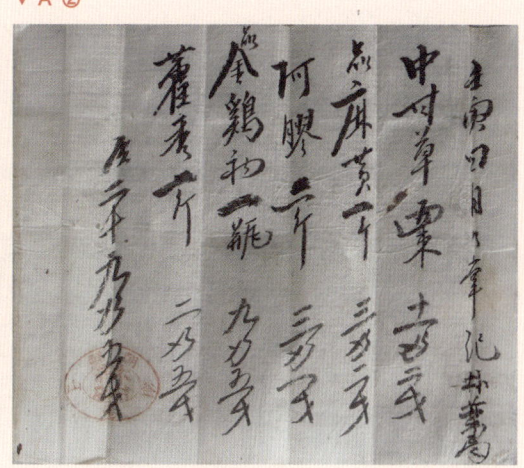

이는 1898년 6월 15일에 외사촌 김능조가 박약국에 보낸 편지이다. 내용은 이번에 가는 김경재 편에 돈 10냥을 내어주면 어떠한지를 물은 것이다. 아마 약재를 구입하기 위한 자금용으로 돈을 요청한 것 같다. 김능조는 옴천면 개산리 출신으로, 박씨가의 외가 청주 김씨 사람인데, 경상도 동래 쪽에서 약재를 매입하여 박약국에 납품하고 박약국에서 의약을 매입한 적이 여러 번 있다.

A-②를 탈초·번역하면 다음과 같다.

壬寅四月日 掌記 朴藥局. 中甘草 四束 十一兩二戈 品麻黃

一斤 三兩二戈 阿膠 二斤 三兩一戈 品金鷄納 一甁 九兩五戈

藿香 1斤 二兩五戈 合二十九兩五戈

임인년 4월 장기 박약국. 중품 감초 4속 11냥 2전, 상품 마황 1근 3냥 2전, 아교 2근 3냥 1전, 상품 금계납 1병 9냥 5전, 곽향 1근 2냥 5전. 합 29냥 5전

이는 1902년 4월에 부산항에 있는 목촌상점木村商店[4]에서 박약국에 보낸 주문한 약재의 장기掌記이다. 여기에는 감초·마황·아교·금계납·곽향 등의 약재의 수량과 그 값 및 총액이 기재되어 있다. 좌측 하단에 "조선 부산항 목촌상점"이라는 도장이 찍혀 있다.

위 두 자료는 약재의 매입·판매 장부 속에 들어 있는 쪽지 형태의 편지와 장기이다. 이를 보면 박씨가에서 경영하는 약국 이름을 고객이나 동업자들이 경영주의 성을 따서 '박약국'이라고 불렀음을 알 수 있다. 박씨가 본인들도 자신들의 약국을 박약국이라고 하였는데, 신유년에 장책한 만장집을 박약국만집朴藥局挽集으로 명명한 데서 알 수 있다. 박약국을 줄여서 '박국朴局'이라고도 하였다.

이어, '개성'이란 지명과 국을 조합하여 '개성국開城局'이라고도 하였다. 약국 주인 박재빈은 1894년 11월 4일 '개성지기開城之基'에

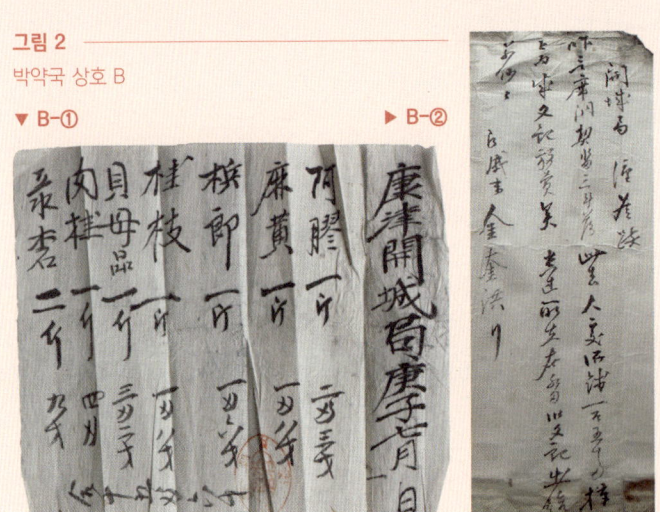

그림 2
박약국 상호 B
▼ B-① ▶ B-②

새집을 지었다. '개성'이란 '개성평'이란 들녘을 말한다. 1911년 무렵에 조선총독부에서 간행한 『조선지지자료』 강진군 고군내면의 '야평명' 조항에 '개성'이 '지정리枳丁里'에 있다고 기록되어 있다. 결국 살림집과 약국을 겸하는 새집을 지정리 개성평에 지어 박동에서 이사했다. 이후 약국 이름은 '개성국'이라고 불리었다. 다음의 자료를 보자.

B-①은 1900년 7월에 경상도 부산의 목촌상점에서 강진 개성국에 보낸 물목표이다. 일곱 가지의 약재값이 15냥 6전이라는 것이다. 목촌상점이 박약국과 개성국을 혼용하였음을 알 수 있다.

1. 박약국의 설립   25

康津 開城局 庚子七月日

阿膠 一斤 二兩 三戈

麻黃 一斤 一兩 八戈

檳榔 一斤 一兩 六戈

桂枝 一斤 一兩 八戈

貝母品 一斤 三兩 二戈

肉桂 一斤 四兩

綠礬 二斤 九戈

合 十五兩 六戈

강진 개성국 경자년 7월

아교 1근 2냥 3전

마황 1근 1냥 8전

빈랑 1근 1냥 6전

계지 1근 1냥 8전

상품 패모 1근 3냥 2전

육계 1근 4냥

녹반 2근 9전

합 15냥 6전

B-②는 인척 관계인 김규홍이 개성국에 보낸 편지인데, 석동에 있는 계답 3두락을 돈 150냥에 방매하였다는 내용이다. 『계안』에 따르면, 박장현·윤자경·김진관 3인이 1889년 2월에 15냥씩 수합한 45냥으로 장흥부 서면 석동촌 앞 답을 매입하여 가을에 거둔 소작료로 계를 만들어 이식하다가 1904년 3월 석동 평답 3두락을 150냥에 방매한 후 박윤원(박장현 아들)을 포함한 계원들끼리 나눠 가졌다.

> 開城局 謹候䟽
>
> 昨言席洞契畓三斗落 此去人處 價錢一百五十兩捧
>
> 上而 成文記放賣矣 貴邊所在右畓 以文記出給
>
> 若何若何
>
> 卽戚末 金奎洪拜
>
> 개성국에 삼가 안부 묻습니다.
>
> 인사말은 생략합니다. 어제 말한 석동 계답 3두락은 이번에 가는 사람 쪽에 돈 150냥을 받고 문기를 작성하여 팔았습니다. 당신 쪽에 있는 답의 문기를 작성하여 내어주면 어떠하신지요?
>
> 척말 김규홍 올림.

위 두 자료는 박씨가 약국의 장부 속에 들어 있는 쪽지 형태의 장기와 편지이다. 약국 이름이 동업자나 친인척에 의해 경영주의 거주지를 따서 개성국이라고 불리었음을 알 수 있다.

이상을 통해 박씨가의 약국 이름은 경영주의 성을 따서 박약국, 또는 경영주의 거주지를 따서 개성국으로 불리어졌음을 알 수 있다. 그런데 개성국이란 명칭은 목촌상점이나 일부 친인척 외에는 사용하지 않아 빈도수는 낮고, 반대로 박약국은 빈도수가 높은 편이고 호칭자도 다양한 편이다. 그러므로 여기에서는 박약국으로 통일하여 사용하겠다.

약국 이름을 경영주의 이름을 따서 작명하거나, 또는 거주지를 따서 작명하는 것은 당시 널리 애용된 관행이었다. 예를 들면, 18세기에 서울에서 명동明洞에 있는 약국을 명국明局, 한韓씨가 운영하는 약국을 한국韓局이라고 하였다. 19세기 전반에 경상도 예천 맛질 사람들은 약국이나 의국을 정약방鄭藥房, 권국權局 등으로 불렀다. 19세기 후반 구례에도 유약국선칠庾藥局善七 또는 단산국丹山局 등이 있었으니, 유선칠이란 인명이나 단산이란 지명이 약국 이름에 이용되었던 것이다.

둘째, 박씨가는 언제부터 약국을 경영하였을까? 박약국이 남긴 각종 장부에서 가장 오래된 거래 시기를 추적해 보면, 『약가봉상책』이란 외상 장부에서 갑신년이 보인다. 현존 장부가 19세기 말기에 생성되었던 점을 감안하면, 갑신년은 1884년으로 해석된다. 특히 외상 장부에 간지를 특정하지 않고, '전前'이라고만 적혀 있는 것이 적지 않은데 이는 장부 작성 훨씬 이전에 발생되어 그 시기를 알 수 없는 악성 외상일 것이다. 그렇다면 정확히 언제부터인가는 모르겠으나, 박씨가는 1884년 훨씬 이전부터 약국을 운영하였음을 알 수 있다. 문중의 전언에 의하면, 자신들 가계는 본래 강진 성전면에서 살다가, 한 일파가 옴천면 오추동으로 옮겨와서 약국을 열었고, 다시 갈라진 한 일파가 병영으로 옮겨와서 역시 약국을 열었다고 한다.

전라병영의 장교층

셋째, 박약국을 경영하였던 사람은 누구일까? 경영주와 관련하여서는 박재빈朴載彬(1829~1898) 때부터 확인되고 있다. 그런데 병영이나 그 인근에서 살고 있는 박씨들 상당수가 의약업이나 의약 유통업에 이미 종사하였으니, 박씨가의 약국 경영은 박재빈 이전으로 거슬러 올라갈 수 있다.

박재빈은 자가 경여敬汝, 호가 비당胇堂이다. 1891년 강진 지역에 동학이 전래되자, 그에 대한 대응책으로 1893년 벽두에 강진 현감은 돈을 나누어주며 향약계를 만들도록 권장하였다. 그리하여 유생들이 중심이 되어 각 면마다 향약계가 결성되었다.[5] 그때 1893년 8월 29일에 박재빈은 고군내면 주민들에 의해 고군내면 향약계 향약장으로 추대된바 있다. 1894년 동학농민운동 때에 농민군들이 병영 도정을 맡고 있는 조카 박창현朴昌鉉을 잡아갔다가 풀어주면서 박재빈에게 하는 말이 "이곳에 와서 들으니 귀댁貴宅이 이곳에 거주한 지가 오래되고 몸가짐이 근엄하며 가풍이 순후淳厚하여 바깥 인심이 모두 흠모한다고 하였다."라고 하였다. 그런데 박창현은 병영성 수성에 나섰다가 끝내 목숨을 잃고 말았다. 박재빈 집안은 향약계 향약장과 병영 도정을 맡아 반 동학군 편에 섰지만, 병영성 주변에서 신망이 높아 한때나마 위기를 모면하였음을 알 수 있다.

박재빈은 병영성 동문 바로 앞에 있는 박동에서 태어났다. 그의 약국도 처음에 박동에 있었다. 박동에 있었기 때문에, 박재빈 약국은 '박동국博洞局'으로 불리었다. 지정국只丁局에서 중품 인삼 1냥을 보내주라고 박동국에 보낸 주문장이 박씨가에서 소장하고 있는 『두과휘편』이란 의서 속에 들어 있다. 박동은 병영장 바로 위에 있어서, 장을 보기 위해 온 사람들이 겸하여 박재빈 약국에서 의약을 구입하였다.

이후 박재빈은 박동 위에 있는 낙산리 입구의 넓은 개성평이란 곳에 새로이 집을 지어 1895년 3월 14일 이사하였다. 새집은 부지도 다른 집보다 넓고, 살림집 3칸에 약국 5칸의 큰 규모였다. 사세 확장 차원이었던 것 같고, 이후부터 장부도 본격적으로 작성되었다. 이 이사로 인해 박재빈은 낙산리 주민이 되어 그곳 동계 강신책과 호적 문서에 이름을 올리게 되었고, 경상도 밀성박씨 대종중으로부터 강진 낙산리 내 문중 대표로 선임되어 족보 편찬비 모금 책임을 맡았다. 박동 옛 집터는 2년 이상의 시간을 보낸 뒤에 17냥에 방매되었다.

박재빈 사후, 약국 경영권은 그의 큰아들 박장현朴章鉉(1854~1900)에게 이어졌다. 그는 자가 이현而顯, 호는 국포菊圃이다. 어려서 종형 박창현과 함께 마을 서당에서 공부하였다. 그래서 그런지 호적 문서에 직역이 유학幼學으로 기재되었다. 유학은 양반 신분이나 예비 관료군을 대변하는 직역으로 19세기에 급증하는 특성을 지니었다.

그의 동생 박기현朴冀鉉(1864~1913)도 아버지의 가르침을 따라 8세 때부터 학문을 닦았다. 그의 아버지는 약국을 경영하면서도 서재를 두고서 자식들로 하여금 유학 공부에 전념하게 하였다. 그 결과 박기현은 일신재 정의림이나 오남 김한섭 등의 유학자들과 교유하며 과거에 응시하였으나 낙방하고 말았다. 홍운재라는 서재를 두고서 유학을 연마하며 많은 제자를 양성하였다. 그가 보았던 『논어』·『맹자』 등 유학서가 아직까지 그의 후손 집에 남아 있다. 박기현은 1891년 7월 5일부터 1904년 11월 18일까지 『강재일사』라는 일기를 남기어 지역사회 연구에 값진 정보를 남겨주었다. 그의 사후 장남 박윤량은 선친의 유고를 모아 『강재유고』를 발간하였고, 제자들은 용전단을 설립하고 용전계를 조직한 후 스승을 향사하는 용전사를 건립하였다.

그렇다고 박장현은 유업에만 전념할 수 없어, 어려서부터 아버지를 도우면서 약국 일에 뛰어들었다. 그의 아버지가 가정의 여러 일들을 거의 간여하지 않고 큰아들에게 일임하였기 때문에, 박장현은 경영 일선에 나설 수밖에 없어 아버님의 명을 받아 성실하게 가업을 다스렸다. 실제 그는 아버지가 살아계시던 때에, 아픈 몸을 이끌고 약 짓는 일을 하였고, 동생 기현에게 약값 외상을 받아오라고 명하거나 친족들에게 약재 매입을 지시하였다. 그래서 많은 고객들이 박장현에게 약재를 주문하였고, 그때 보냈던 편지 형태의 주문서가 여러 장 남아 있다. 아버지 사후에는 당연히 박장현 본인이 주인으로서 직접 박약국을 경영하였다.

그런데 박장현은 50세도 못 된 1900년 세상을 떠나고 말았다. 다시 약국 경영권은 박장현의 큰아들 박윤원朴潤瑗(1883~1971)에게 이어졌다. 그는 자가 응순應舜, 호가 성재誠齋이다. 어려서 숙부 박기현에게서 글을 배웠고, 여러 서재에서 공부하고 유업에 종사하였다. 유업을 위해 자신의 정사를 가지고 있었고, 그 주련을 숙부 박기현이 지어주었다.

광무 4년(1900년) 2월에 강진군수 정인국이 발행한 호주 박윤원의 호적표를 보면, 주소는 고군내면 낙산리, 동거가족은 모 김씨와 처 김씨 및 동생 윤통, 직업은 유업으로 기록되어 있다. 박윤원은 이때까지 할아버지가 새로 지은 낙산리 집에 살고 있었다. 그러다가 아버지 타계 이후 1910년대 중반 무렵에 지정리로 다시 내려왔으니, 그의 가계의 주거지는 박동→낙산리→지정리로 이동되었음을 알 수 있다.

박윤원은 지정리로 내려와서도 해방 이후까지 약국을 경영하였다. 하지만 박약국의 영업은 병영이 폐영되고 의료정책이 대한제국·일제에 의해 개편된 이후 급속하게 쇠락의 길을 걸었다. 1910년 이후에는 장부도 작성되지 않았고, 1930년대에 이르면 겨우 명맥을 유지하는 수준이었다. 이제 그는 의료인이라기보다는, 병영금융조합의 이사나 적지 않은 토지의 주인으로서의 소규모 자산가에 불과하였다. 그러면서 작천초등학교 개교에 기부하거나 병영양로당 당수를 역임하는 등의 사회봉사 활동을 하였다.

이처럼 박씨가는 박재빈 → 박장현 → 박윤원으로 대를 이으며 약국을 경영하였다. 약국 경영주가 되는 데에는 기본적으로 상당한

그림 3
장성군 김준식이 을묘(1915) 9월 강진군 고군면 지정리 7통 6호 박윤원에게 보낸 편지

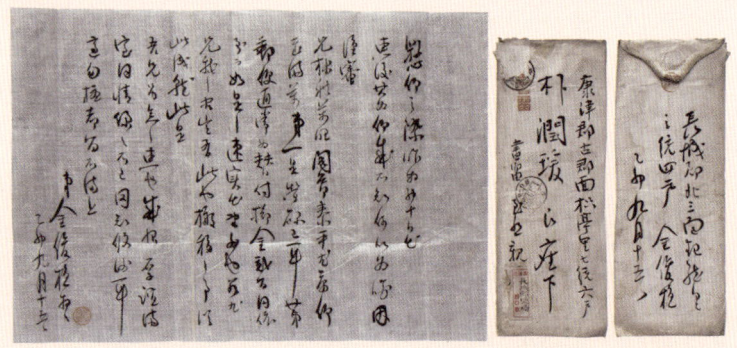

시일이 소요될 수밖에 없었다. 의학·약재에 관한 기본지식, 의약을 조제·제조하는 기능, 고객을 관리하는 노하우, 장부 작성과 회계처리의 능력 등을 읽혀야 하기 때문이었다. 이런 점 때문에 박씨가에는 수학 지식을 쌓기 위해 『산학계몽』이란 수학서가 현재까지 소장되어 있고, 외상 장부인 『약가봉상책』의 말미에 1근을 16량으로 환산하는 '근하유양법斤下留兩法'이 적혀 있다. 『각처각국거래책』·『무약기』란 장부의 하단에는 호산胡算이라고 하는 표기법에 의해 거래 규모의 숫자가 적혀 있다.

넷째, 박씨가는 무엇을 하고 살았던 집안일까? 앞에서 말한 것처럼, 박약국의 소재지는 강진의 전라병영이고, 이때 병영에서 살고 있는 그의 친족 상당수도 의약업이나 의약 유통업에 종사하였다. 이는 박씨가와 병영이 모종의 연관관계를 지니고 있었기 때문에 가능한 일이었다.

강진은 전라도 남쪽 바닷가에 위치한 조그마한 고을이다. 그러나 관내에 수군진과 부속 도서가 있고 제주도를 연결하는 관문이어서 사람의 왕래가 잦은 곳이었다. 우암 송시열이 제주도 유배 갈 때 강진 만덕사에서 여러 날 머물며 문도들과 강학하였던 일은 널리 알려진 이야기이다. 또한 강진은 상업이 발달한 곳이어서, 현지 상인이 동해·남해 포구와 교류하고 경강상인·개성상인이 내왕한 사례는 쉽게 발견되고 있다. 특히 제주도에서 서울로 반입되는 양대凉臺 (갓 만드는 자재) 같은 특산품을 강진에 내려온 송상이 싹쓸이하여 서울 시전 상인을 허탕 치게 한 사례는 조선 상업사에서 널리 인용되는 일화 가운데 하나이다.

강진 땅 한 복판에 전라도 57개 고을의 육군을 총괄하는 병영이 1417년(태종 17)에 설치되어 1895년까지 500년 가까이 존속하였다. 병영이 설치됨에 따라, 병영성이 축성되고 그 안에 각종 건물이 건립되었고, 병마절도사란 지휘관이 파견되었다. 전라병사는 자신이 임명한 군관 여럿을 데리고 와서 성안에 상주하며, 무기를 갖추고 상비군·예비군을 통솔하였고, 임금에게 진상물을 바치는 일을 행하다 임기가 차면 돌아갔다. 그는 이러한 일을 수행하기 위해 부근의 고군내면, 열수면, 이지면, 옴천면 등 네 개 면을 '영사면營四面' 이라고 하여 직영지로 두었다. 그러므로 병영 지역이라면 협의로 고군내면을 말하기도 하지만, 광의로 영사면을 말하기도 한다.

병영성 인근 마을에는 말단 병사는 말할 것 없고, 병사를 지휘하는 중간 간부들이 살고 있었다. 병영과 고을 사이의 군정 업무를 맡은 도내 각 고을의 병영 주인이 상주할 뿐만 아니라, 병영의 각종 잡일을 맡은 악공이나 장인 및 임노동자들도 그들과 함께 섞여 살았다. 서울에서 강진 병영으로 이송된 하멜 일행 33명(도중에 3명

사망)도 병영성 아래 마을에 분산 배치되었다. 그러므로 병영은 많은 사람이 사는 곳일 뿐만 아니라, 사람들의 이동도 잦은 곳이었다. 당연히 규모가 큰 장시가 병영성 아래에 열렸고, 그곳 상인들은 활발한 활동을 하며 전국 곳곳과 연결되어 있었다. 이러한 병영 경제권 형성에 박약국은 일익을 담당하였다.

박씨가는 언제부터인가는 모르겠으나, 19세기에는 병영의 장교층으로 복무하고 있었다. 약국 주인의 큰 집 4촌 형 박창현이 동학농민운동 당시 병영의 도정都正으로서 병영성 수성에 나섰다가 목숨을 잃었다. 도정은 장교층 가운데 상층부에 속하는 직책으로 보인다. 그리고 박씨가에서 소장하고 있는 『마방통휘』란 의서 표지의 앞면과 뒷면이 시효가 지난 병영 군정 공문서로 배접되어 있는 점, 더 나아가 장례 때 대변군관待變軍官이란 병영 군관들이 단체로 조문 와서 일반인보다 많은 조의금을 낸 점도 박씨가와 병영의 관계를 파악하는데 또 다른 단서를 제공해주고 있다.

그러므로 박약국의 영업 네트워크는 병영과 밀접한 관계를 지닐 수밖에 없었다. 병영 거주자는 물론이고 병영 장교를 지낸 이나 병영 이직을 지낸 이가 박약국의 주 고객이었고, 과거 병영 관직을 역임하였던 사람들을 통해 물자·금전을 교환하였던 점이 현재 확인되고 있다. 그런데 갑오개혁의 일환으로 1895년 7월 15일 자로 병영

이 폐영되고 말았다. 폐영 이후 지역 인구가 급감하였고, 지역 상권도 급속하게 쇠락하였고, 그 여파는 박약국에도 밀려와 명맥을 유지하다 결국 폐쇄되고 말았다.

2

여러 장부들

의약·약재 소매 장부, 『제약책』

박약국은 소매와 도매를 겸하는 지역 거점형 약국이었다. 그러한 점으로 인해 일반 소비자를 대상으로 한 『제약책』이라는 판매 장부와 중간 도매상을 대상으로 한 『각처각국거래책』이라는 판매 장부를 작성하였다.

『제약책』은 일반 소비자에게 의약·약재를 판매한 매일 매일의 내역을 기록한 장부이다. 책은 1년 단위로 묶어져 있다. 표지는 『제약책製藥冊』으로 적혀 있지만, 실제 생활에 있어서는 여러 이름으로 불리어졌다. 줄여서 '제책製冊'이라고도 하였는데, '병신년 제약책'이라는 뜻의 '병제책丙製冊'이라는 용례가 보인다. 그리고 매일 매일 적는 일기여서 '제약일기製藥日記'라고도 하였는데, '병신일기丙申日記'(1896년 일기)나 '기해제약일기己亥製藥日記'(1899년 제약일기)라는 용례가 보인다.

현재 병신년(1896년) 것 1책, 정유년(1897년) 것 1책, 무술년(1898년) 것 1책, 기해년(1899년) 것 1책 등 4년간 4책의 『제약책』이 남아 있다. 하지만 약국을 1896년 이전에 개설하여 1899년 이후까지 경영하였기 때문에, 장부는 더 작성되었을 것이다. 실제로 장부 속에 '을제책乙製冊'('을미제약책'의 약칭)과 '병자제약책庚子製藥冊'이 언급

그림 4
『제약책』

▼ 1896년　　　　　　　▼ 1897년

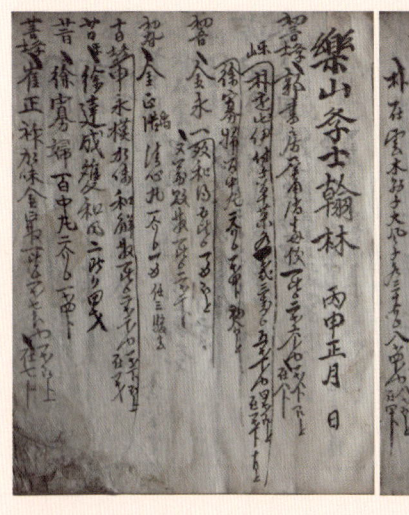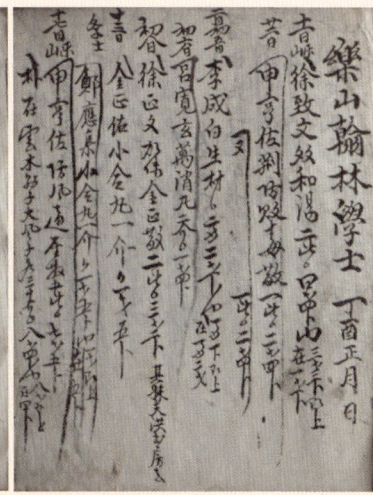

된 것으로 보아, 을미년(1895년)과 경자년(1900년) 장부도 있었음에 분명하다. 그리고 『각인처전곡거래일기』라는 가내 자산 장부의 1901년 4월 15일 자에 김윤여가 빌려 간 돈 1냥을 『제약책』에 옮겨 적는다는 기사가 있으니, 이때에도 장부가 작성되고 있었음에 분명하다. 이를 통해 최소한 1895년부터 1901년까지 7년간의 장부가 작성되었음을 알 수 있다.

그러면 『제약책』은 무엇을 어떻게 적어놓았는가를 소개해 보겠다. 우선, 고객을 지역별로 그룹을 지어놓았다. 첫 페이지 첫 줄에 '낙산학사한림樂山學士翰林'이 적혀 있다. 이는 고군내면에 있는 낙산리, 학사리, 한림리 세 마을에 사는 고객 편이라는 말이다. 현존 4개 장부 모두 동일하게 ①낙산·학사·한림, ②상림·지정·당산, ③노상·효절·내상, ④동렬·박동·남문, ⑤삼인·신지, ⑥옴천면, ⑦고군·열수·초곡·안주·고읍·이지면, ⑧각처 등 모두 8개 지역 그룹으로 나뉘어져 있다. 이 그룹을 박약국에서는 '질秩' 또는 '평坪'이라고 하였다.

<표 1> 「제약책」의 작성 근거와 현존 상황

간지	연도	제약책
을미	1895년	乙製冊
병신	1896년	현존
정유	1897년	현존
무술	1898년	현존
기해	1899년	현존
경자	1900년	庚子製藥冊
신축	1901년	移製藥冊

매일 매일의 일기임에도 불구하고 판매가 이루어진 일련 순서대로 내역을 기록하지 않고, 지역별로 그룹을 지어서 매일 매일 기록하였다. 이러한 회계 방식을 왜 채택하였고, 그 의미는 무엇일까?

하루하루의 성과 파악도 중요하지만, 고객 관리를 위한 지역별 동향 파악이 더 중요하여 이렇게 하지 않았을까 생각된다.

이 가운데 ①-⑤ 낙산·학사·한림, 상림·지정·당산, 노상·효절·내상, 동렬·박동·남문, 삼인·신지 등 모두 14개 마을은 박약국이 들어서 있는 고군내면 소속이다. 전체 그룹의 절반 이상이 되니, 고군내면 고객이 박약국 매출에서 가장 큰 비중을 차지할 수밖에 없었다.

⑥은 고군내면과 북쪽으로 접하고 있는 옴천면 편이다. 옴천면은 전라병사의 직영지 네 개 면 가운데 하나이고, 박약국의 큰집과 많은 친인척 그리고 선산과 농토가 있는 곳이다. 그래서 옴천면 사람들도 박약국의 주요 고객이었다. 전체적으로 박약국과 병영권의 관련성이 매우 높았음을 알 수 있다.

⑦은 앞에서 누락된 백양·삭둔·상고·중고·하고 등 고군내면의 나머지 마을 편이다. 그리고 박약국을 감싸고 있는 주변의 열수·초곡·안주·고읍·이지면도 여기에 포함되어 있다. 1417년(태종 17)에 도강군道康郡과 탐진현耽津縣이 통합되어 강진현이 되었는데, 위 5개 면은 고군내·옴천면과 함께 현 북서쪽의 옛 도강군 소속의 땅이다. 박약국 고객만 놓고 보아도 통합 이면의 그림자가 오랫동안 잔존하였던 모습을 전해주는 대목이다.

⑧은 박약국에서 멀리 떨어진 각처 편인데, 내용을 보면 강진 관

내의 보암면, 금천면, 읍내면, 칠량면, 대곡면, 파지대면, 백도면 사람들에 관한 것이다. 당시 강진의 18개면 모두가 박약국의 영업권이었다. 그리고 도내의 영암, 해남, 장흥, 보성, 나주, 광주, 장성, 진도, 구례 등지에 사는 사람들도 여기에 수록되어 있다. 이상을 보면, 강진 관내 전체 면은 물론이고 도내 9개 군현이 박약국의 고객이었음을 알 수 있다. 이는 당시의 교통·통신 수준을 감안할 때, 박약국의 영업망이 상당히 방대하였음을 알려주는 지표가 된다.

그러면 『제약책』에는 판매 내역이 어떤 순서와 표현으로 기록되어 있을까? 우선은 바로 앞에서 말한 것처럼, 지역 그룹별로 나뉘어져 있다. 그리고 그룹별로 날짜순으로 의약·약재를 구매해 간 사람들의 마을, 이름, 약종, 수량, 가격, 그리고 결제 현황이 적혀 있다. 예를 들면, 1896년 장부의 경우 첫 페이지 첫째 줄과 둘째 줄에,

① 初三日 學士 郭書房 犀角消毒飲 一貼 △ 二戈六卜 內 一戈八卜卽上 在八卜.

② 樂山 朴連出伊 付子草藥各裁 三封 △ 五戈一卜 內 四戈卽上 在一戈一卜十日上.

이라고 각각 적혀 있다. ①은 1월 3일 학사리 곽서방이 서각소독음

1첩을 사 갔고, 약값은 0.26냥인데 그 가운데 0.18냥은 당일 지불하고 나머지 0.08냥은 외상 하였다는 말이다. ②는 1월 3일 낙산리 박연출이가 부자와 초약 각 3봉을 사 갔고, 약값은 0.51냥인데 그 가운데 0.4냥은 당일 지불하고 나머지 0.11냥은 외상 하였다가 10일 갚았다는 말이다. 이것이 기본이고, 여기에 필요에 따라 심부름이나 환퇴 및 대급 등이 추가되어 있다. 여기에서는 이 정도 소개로 그치고, 자세한 설명은 뒤에서 하나씩 할 것이다.

그렇다고 『제약책』이 100% 일반 소비자를 대상으로 한 것은 아니었던 것 같다. 박약국 스스로 도매처로 분류한 사람도 수록되어 있고, 도매처로 여겨지는 사람도 보인다. 하지만 그런 사례는 극소수에 불과하기 때문에, 『제약책』은 일반 소비자를 대상으로 한 장부였음에 분명하다.

이 대목에서 한 사람을 소개하고자 한다. 초곡면(현재 작천면) 갈동 김덕행金德行(1859~1933, 명 權厚)은 1896년과 98년에 각각 한 차례 박약국에 들리었지만, 1899년에는 무려 30회 들리어 21종의 의약과 4종의 약재를 94.95냥에 사 갔다. 한 해에 1백 냥 가까운 약값은 한 가정의 경제로는 감당할 수 없는 거금이다. 그리고 그렇게 여러 종류의 약을 사 갔다는 것은 그 약이 가족의 질병을 치료하는 선을 넘어섰음을 증명한다. 따라서 김덕행은 갈동에서 약국을 경영하면서 간단한 약은 자신이 조제하면서 고도의 지식이 필요한 약은 박약국에서 가지고 갔던 것으로 해석함이 무난할 것 같다. 추적 끝에 그의 증손자와 통화한 결과 한학을 하셨다는 말은 들었지만, 약국 관련은 들은 적이 없다고 답하였다. 의약업 종사는 당대에 그쳤던 것 같다.

이처럼 『제약책』은 의약·약재의 판매 내역을 매일 매일 적어 놓은 일기이다. 여기에는 심부름꾼 이름이나 외상에 대한 뒷날의 수금 및 반품 사항까지 기록되어 있고, 주문장이나 영수증도 부착되어 있다. 후일 일어날지 모르는 회계 분쟁에 대비하기 위한 증빙자료 확보 차원에서였다. 그러기에 이는 박약국 경영에서 가장 원초적이면서 중요한 장부일 수밖에 없었다. 바로 이 원천장부를 토대로 외상 장부 등이 별도로 작성되었던 것이다.

의약·약재 도매 장부, 『각처각국거래책』

『각처각국거래책』은 박약국이 중간 도매상과 의약·약재를 거래한 내역을 적어 놓은 장부이다. 여기에는 51곳에 이르는 각처各處와 각국各局의 소재 지역, 주인 이름, 거래 시기, 거질, 래질 등이 적혀 있다. 예를 들면, 페이지 첫 줄에 '완진김봉조자관서 거래기莞鎭 金奉祚字寬瑞 去來記'가 적혀 있다. 완도 가리포진에서 영업하고 있는 김봉조 고객과의 거래 내역이라는 말이다. 이를 정리하면 〈표 2〉와 같은데, 이를 통해 몇 가지를 알 수 있다.

〈표 2〉 『각처각국거래책』의 구성

지역	이름	시기	去秩	來秩(入秩)
강진 莞鎭	金奉祚(자 寬瑞)	~갑오~신축	약재	
莞島 草田	朴二五	을미~정유	약재	
靑山	金義由	을미	약재	
청산 淸溪	池孝允(명 東浩)	무술~기해	약재	
청산 富興	金志煥(자 時彦)	무술	약재	
薪智	禹奉圭	~갑오~기해	약재, 고약, 소침환	
신지	任在珍(자 在孝)	정유~기해	약재	
古今 拂	金魯均(자 敬模)	병신~임인	약재	
馬島	姜準永(자 孔彬)	을미~병신	약재	
七良 永洞	金商寬(자 敬洪)	을미~경자	약재	
寶岩 項村	尹祥夏(자 玄集)	병신	약재	

지역	이름	시기	去秩	來秩(入秩)
古郡 內廂	房賣弘(자 承哉)	정유~을사	약재	약재
고군 枳丁	尹滋慶(자 基奉)	병신~계묘	약재	약재
고군 博洞	崔應大(자 永植)	정유~갑진	약재	약재
고군 박동	朴士秉	을사~기유	약재, 광명단	약재
고군 白羊	林贊五	을미~정유	약재	약재
고군 道弄	金珉泰	을미~갑진	약재	약재
고군 下古	崔誠宇(자 仁五)	병신~무신	약재	약재
古邑 巨牧	姜啓鳳	~갑오~정미	약재	
고읍 馬飮	丁大順(자 華一)	~갑오~기해	약재	
고읍 新基	朴慶源	~갑오~기해	약재	
安住 月松	朴和仲(자 致範)	~갑오~기해	약재, 육미탕, 가미패독산	
안주 月山	李德武	무술~기해	약재	
列樹 君子	朴士謙	정유~신축	약재, 죽력환	
열수 龍井	全贊永	을미~정미	약재	
열수 용정	李奉圭	을미~병오	약재	약재
邑內 蓮池	金鳳大(자 瑞彦)	정유	약재	
梨旨 冶洞	房馹祥(자 亨圭)	을미~기유	약재, 합장산	약재
영암 注乃	尹乃進	을미~병신	약재	
西面 新基	尹相洙(자 德秀)	병신~무술	약재	
서면 仙王堂	崔銘潤(자 炳郁)	병신~정유	약재	
서면 嚴吉	全贊溫	정유~경자	약재	
南門	金興彬	병신~신축	약재	
장흥 夫山 龍洞	金炫洙(자 大裕)	병신~정유	약재, 감석산	
碧沙	金明裕	을미~임인	약재	약재
古邑 富億	朴玟洪(명 光佑)	병신~경자	약재, 광명단	
고읍 鶴橋	金柱垈(자 安淑)	병신~기해	약재	

지역		이름	시기	去秩	來秩(入秩)
진도	寒寺	鄭仁汝	을미~무술	약재	
	鳥島	李億(자 汝壽)	병신~신축	약재, 가미오성산	
	義始 敦池	朴長吉(자 禹卿)	병신	약재	
	古郡 古城	李奉和(자 性一)	병신	약재	
해남	二道 老松	陳昌錫(자 達善)	병신	약재	
	이도 堰項	李象基(자 敬律)	정유	약재	
	水營 東外	朴章杓(자 贊裕)	정유~무술	약재	
	黃二 務古	朴憲昱(자 德律)	기해	약재	
	花源 坪洞	尹相堯(자 日攝)	병신	약재	
	화원 九芝	崔基相(자 乃洙)	정유~무술	약재	
	○○ 秋溏	朴煥洪(자 致玉)	정유	약재	
남원	橋局	尹滋河(자 聖初)	을미~		약재
서울	銅峴	許瓚(자 贊玉)	을미~을사		약재
○○ ○○	眞木	金禹喜(자 仁秀)	~갑오~정유	약재	

　첫째, 거래 시기와 관련하여 표지에 '을미병신정유무술乙未丙申丁酉戊戌'이 적혀 있다. 을미년(1895)부터 무술년(1898)까지의 거래 내역이라는 말이다. 그러나 7명의 것에 갑오년(1894) 이전까지 나간 것이 '세음細音'되어 있다. 세음이란 이전까지의 외상을 결산하는 것인데, 아마 대대적인 경영혁신을 꾀하고자 세음을 하고 본 장부를 작성하였을 것 같다. 그렇게 하고도 계속 남아 있는 외상(在錢, 在文, 在條, 零 등으로 표현)이 많게는 400냥에서 적게는 0.9냥에 이르렀다. 이 갑오년 이후 을미~무술년 것이 표지 표현대로 적

혀 있다. 그런데 이것으로 끝나지 않고 무술년 이후 것도 계속해서 적혀 있는데, 후대로 갈수록 기재 빈도와 거래 규모는 줄어드는 양상을 보이고, 최후 것으로 기유년(1909년)이 보인다. 이로 보아, 박약국은 1909년 가까이 가면 예전만 못하는 경영 실적을 보였음을 알 수 있다.

〈표 3〉 갑오 이전 세음

완도 가리포진 김봉조	甲午九月至前細音 在錢四百
신지도 우봉규	甲午春前條細音 在文十一兩
거목 강계봉	甲午秋至前細音 在條七兩二戈
마음동 정대순	甲午以前細音 在文九戈
고읍면 신기 박경원	甲午以前細音 合在文二十九兩零
안주 월송 박중화	甲午以前細音 在文六兩三戈
진목동 김우희	甲午以前細音 在條七兩一戈

둘째, 거래 대상과 관련하여 표지에 '각처각국거래책各處各局去來冊'이 적혀 있다. 각처各處·각국各局과 거래한 것이라는 말이다. 주인 이름만 기록되어 있어, 어느 사람이 '처處'이고 '국局'인지에 대해서는 확언할 수 없다. 아마 약종상은 '각처'로, 의국·약국은 '각국'으로 분류하였을 것 같다.

각종 자료에 나오는 '국'과 본 장부에 나오는 사람을 크로스 체크하면, '국'의 주인을 특정할 수 있다. 크로스 체크한 결과 강계봉(강약국), 김명유(벽사국), 김민태(도롱국), 방일상(방형규국), 윤자경(윤기봉국), 최성우(하고국), 최응대(박동국) 등이 확인된다. 이들 각국은 박약국의 중요한 동반자였다. 박약국은 이들 각국에 약재를 팔기도 하지만, 그곳에서 사기도 하였을 뿐만 아니라, 서로 간에 빌리기도 하였다. 또한 대상隊商을 이루어 약령시에 함께 구매하러 가기도 하였고, 그룹을 짜서 공동구매도 시도하였다. 그리고 박약국은 이들에게 돈을 빌려주고 환을 제공하기도 하였다. 박약국과 각국은 늘 연대와 협력 및 경쟁을 하였던 것이다.

셋째, 본 장부는 이름 그대로 거래책去來冊이다. 박약국에서 나간 것은 '거질去秩' 편에 기록되어 있는데 주로 약재를 팔았지만 조제약도 함께 팔았다. 박약국에 들어온 것은 '래질來秩'이나 '입질入秩' 편에 기록되어 있는데 전부 약재이다. 그런데 장부 이름을 '거래책'이라고 하였지만, 대부분은 '거질' 관련이고 '래질'은 몇 곳에 불과하고 그 수량도 많지 않았다. 따라서 이 장부는 사실상 판매 장부이다. 그리고 여기에는 수금 내역도 기록되어 있으니, 외상 장부 역할까지 겸하였던 것이다.

넷째, 박약국 도매 고객의 거주지는 강진과 강진 주변의 해남·영암·장흥, 그리고 진도 등지에 이른다. 강진 18개 면 가운데 14개 면에 모두 28곳이 있는 등 강진 도매처가 55%로 가장 많았다. 그중에

그림 5
박약국 도매처 분포

서도 박약국이 위치하고 있는 고군내면에 압도적으로 많았다. 특히 수군진이 있었던 고금·신지·완도·청산도 등 관내(1896년 이후부터는 완도군) 4개 도서에도 7곳에 이르는 도매처를 두었던 점은 눈여겨볼 만한 대목이다.

다섯째, 박약국의 도매 고객 가운데는 지역 명의가 적지 않았다. 칠량면 영동리 김상관金商寬(1871~?)은 의업 세습 가문 출신으로 어의를 역임하였다고 한다. 그리고 고군내면 지정리 윤자경尹滋慶, 장흥 벽사역 김명유金明裕(명 昌信)는 1914년 의생 면허를 함께 받은 바 있다. 『제약책』·『무약록』에 장흥의 벽사 또는 부동면 화산 사람으로 등장하는 김재유金再裕(명 昌瑄)도 함께 의생이 되었다. 이때 전남에서 53명의 의생이 탄생하였다. 의생이란 총독부가 1913년에 2년 이상 의업에 종사한 사람에게 '준의사' 자격을 부여한 사람이다. 이로 보아 박약국의 거래처 가운데는 지역의 명의가 있었음을 알 수 있다.

여섯째, 도서 지역에 박약국의 도매 고객이 있었던 점도 주목된다. 청산도 김의유金義由는 박약국의 약재 고객이면서 가족 질병을 치료한 의원이다. 『완도군지』(1925년)에 등재되어 있는 것으로 보아 그곳 유지였던 것 같다. 그리고 청산도 청계의 지동호池東浩의 친족들은 당시 학자 김유의 제자로서 동문들과 함께 스승을 향사하는 사당을 지었고, 친족 가운데 청산면 면장이나 관찰부 주사를 역임한 이가 있다. 또한 신지도 임재진任在珍은 행적을 알 수 없지만, 신지도는 장흥임씨 세거지로서 임상규가 한약방을 운영하였고 임재갑이 서울 융희학교 수학 후 비밀결사와 학교 설립 및 신간회 설립 등의 항일 투쟁을 하였다. 이상으로 보아 박약국과 거래하였던 의약업 종사자들은 그곳에서 유력인으로 활약하였음을 알 수 있다.

일곱째, 누구를 대상으로 무엇을 기준으로 하여 51인을 선정했는지에 대해서는 알 수 없다. 그러하다 보니 본 장부에 수록되어야 한다고 생각되는데도 배제된 사람이 있다. 그와 관련하여 오자삼吳子三이 있다. 그는 파지대면(현재 강진읍) 관동 사람으로, 4년간 박약국에서 총 19회 매입한바 있으니, 약종상으로서 박약국의 큰 고객임이 틀림없다. 그는 1906년 8월 7일에 칠량 연곡리 정씨 여성으로부터 약값을 늑탈하려고 한다는 항의를 받은바 있으니 이때까지 영업을 하고 있었음에 분명하다.

이처럼, 박약국은 도매 의료인들을 특별 관리하기 위해『각처각국거래책』이란 장부를 따로 작성하였다. 거기에 수록되어 있는 51인은 전라도 곳곳에 포진되어 있었고, 박약국과 잦고 많은 거래를 하였을 뿐만 아니라, 정보와 약재 및 금융을 공유하는 공동 운명체와 같았다.

약재 매입 장부, 『무약기』

박약국은 약재나 의약을 판매하는 지역 거점의 대형 약국이었다. 그러하기에 다양한 약재(향재, 당재, 왜산)가 다량으로 필요하였다. 그러한 약재를 박약국은 자체에서 재배한 것이 아니라, 각지에서 다량으로 매입하였다. 그렇게 조달한 약재를 약재로 팔거나 의약으로 조제·제조하여 팔았다.

따라서 어떤 약재를 어디에서 누구로부터 얼마에 어떻게 매입했느냐가 궁금할 수밖에 없다. 이 점은 의약업이 당시에 비중이 높은 산업이었음을 감안할 때에 그때의 사회·경제적 모습에 대한 이해의 폭을 넓히는 데에 좋은 소재가 되기 때문이다. 그런데 박약국은 약재를 매입하면서 관련 장부를 『무약기貿藥記』라는 이름으로 남겨 놓았다. 따라서 그 장부에 대한 소개는 박약국의 약재 매입 실태와 그 추이를 소상하게 보여줄 수 있고, 현재까지 그런 장부에 대한 존재가 보고된 적이 없다는 점에서 본 소개는 의미가 있다.

겉표지는 『무약록貿藥錄』이지만, 속표지는 '임진사월위시무약기 壬辰四月爲始貿藥記'로 기록되어 있다. 1892년 4월부터 무약 기록을 시작했다는 말이다. 그로부터 1902년 10월까지 11년 동안의 약재 매입 내역이 여기에 기록되어 있다. 언제부터 이런 유형의 장부를

그림 6
『무약기』 표지, 첫 페이지

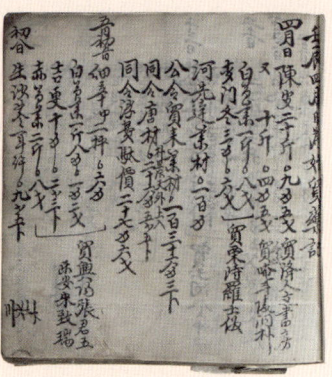

작성했는지에 대해서는 확언할 수 없지만, 훨씬 이전부터 약국을 경영했기 때문에 그 작성 시기는 더 거슬러 올라갈 수 있다. 아무튼 본 장부의 내용과 작성법을 알아보기 위해 첫 페이지를 분석해 보자.

① 四月日 陳皮二十斤 △ 九兩五戈 貿濟人文書房處

② 又 十斤 △ 四兩五戈 貿唵斗陵洞朴

③ 河先達藥材 △ 一百兩

④ 公令貿來藥材 △ 一百三十六兩三卜

①은 1892년 4월에 박약국이 귤껍질을 말린 진피 20근을 9.5냥에 매입하였다(1근에 0.475냥). 매입한 곳은 제주도 사람 문서방이다. 따라서 제주도 특산인 진피를 판매한 문서방은 제주 출신의 진피 전문 약재상이었는데, 이는 그가 이후 1893년과 95년에도 진피만을 박약국에 판매했음을 통해서 확인된다.

②는 진피 10근을 옴천면 두릉동 박씨로부터 4.5냥에 매입하였다는 말이다(1근에 0.45냥). 옴천면 사람이 제주 특산물을 교역하고 있었고, 제주 출신 문서방에 비해 1근당 0.025냥 더 싼 값이었음을 알 수 있다.

③은 하선달로부터 1백 냥 어치의 약재를 샀다는 말이다. 하선달은 본 장부의 11년 동안 여기에서 단 1회 등장하지만, 매입액이 거금인 것으로 보아 대규모 약종상인 것 같다.

④는 공령公蛉에서 136.03냥 어치의 약재를 매입했다는 말이다. 이때 중국 약재인 당재唐材도 26.55냥 어치 함께 매입했다. 그리고 '부비태가浮費駄價', 즉 여비와 운송비로 27.6냥을 사용했다. 그런데 그 오른쪽 사이에 작은 글씨로 '박경천외상입朴景天外上入'이라는 글자가 적혀 있다. 이는 박약국이 박경천으로부터 당재를 외상으로 사들였다는 말이다. 나중에 외상을 갚아야 했는데, 그것을 '보차報次'나 '보급報給'이라고 표현했다. '공령'이란 '공주 약령시公州 藥令市'이다.

공주 약령시는 1741년(영조 17) 무렵부터 개설되어 춘령은 3월 15일부터 25일까지, 추령은 10월 15일부터 25일까지 열리다가 1905년 무렵에 폐지되었다. 이 약령시에서 박약국은 1895년의 경우 317냥을 투입하여 향재 69종과 당재 98종 등 무려 167종의 약재를 사 온 적이 있는데, 이는 『을미4월공주령무약기』라는 별도의 문서에 적혀 있다.

『무약기』를 소개하면서, 대구 약령시를 빼놓고 갈 수 없다. 대구 약령시는 춘령과 추령 등 연 2회 열렸다. 박약국은 거의 매년 춘령·추령 2회 약재를 매입하러 갔다. 그때마다 그곳에서 환換을 사용하였는데, 5회 흔적이 발견된다. 장부에 기록된 '가환예급전加換例給錢', '환전가조換錢加條', '집환가급문執換加給文', '가전加錢', '보환가입조執換加入條' 등은 '환'을 가지고 대구에 가서 현지에서 돈으로 교환하면서 환거간換居間에게 지급한 수수료에 관한 것이다. 거간이란 거래 중개자이고 중개 때 구문口文 또는 구전口錢이라는 수수료를 받았고, 당시 거의 모든 거래 때마다 거간이 필요로 했고 집환 때에도 거간이 개입했다. 대구 약령시도 예외가 아니어서 한 말에 어음·환을 관리하는 기관이 약전거리 여러 곳에 들어서 있었다고 한다. 따라서 박약국 사람들이 대구 약령시를 갈 때 무거운 돈 대신 환을 소지하였음을 알 수 있다. 당시 대구의 환 수수료율이 어느 정도인지에 대해서는 알 수 없지만, 일반적으로 1.5% 또는 1.9-3.15%를 따랐을 것 같다. 이 수수료로 4~4.5냥을 지불했다는 것은 박약국의 환 규모가 30냥 내외였음을 짐작하게 해준다. 원거리 대구와의 낮은 신용도 때문에 저가 환을 사용하였던 것 같다.

또 하나 빼놓을 수 없는 것이 친족을 무약에 투입하였다는 점이다. 박기현의 집안 동생인 박삼현朴三鉉(1867~1909)은 대구 약령시나 동래 상인에게서 약재를 매입하는 일을 주로 맡았다. 『강재일사』에 수록된 관련 기사를 제시하면 다음과 같다.

> 1892년 10월 12일, 사촌 동생 박삼현朴三鉉이 영남을 향해 출발하였다.
> 1894년 10월 10일, 박지삼朴知三이 경상도로 떠났다.
> 1894년 11월 28일, 사촌 동생 박지삼이 경상도에서 집으로 돌아왔다.
> 1895년 5월 10일, 박지삼이 경상도에서 돌아왔다.
> 11월 20일, 사촌 동생 지삼이 어제 경상도에서 돌아왔다.
> 1897년 10월 24일, 사촌 동생 박지삼이 영남으로 떠났다.

지삼知三은 박삼현의 자이다. 경상도에 10월에 갔다가 11월에 돌아온 것은 대구 약령시에서 약재를 매입하기 위해서였는데, 대구 약령시는 매년 2월과 10월에 2회 개시되었다. 그래서 약재를 사러 경상도에 들어갔다가 동학군이라는 오인을 받고 험악한 검문을 받을 때에 그는 자신을 약상藥商으로 소개하며 위기를 모면하였다. 이런 일만 하였던 것이 아니라, 외상값을 받으러 다니기도 하였고 약재 주문을 받기도 하였다. 그러한 과정에서 고객들로부터 관련 편지를 받기도 하였는데, 그 가운데 하나를 소개하면 다음과 같다.

대인 박지삼 형님에게. 인사말은 생략합니다. 장기와 돈은 싸서 드립니다. 무게에서 누락 없이 보내주었으면 합니다.
즉일 아우 최응대 올림.

최응대崔應大가 박지삼, 즉 박삼현에게 장기와 돈을 싸서 올려 보내니 계산에서 누락 없이 주문대로 물건을 보내주시기를 바란다는 편지이다. 최응대는 자가 영식永植이고 박약국 바로 아래의 박동에서 꽤 큰 약국을 경영하고 있는 사람이다.

이처럼, 『무약기』에는 날짜별로 구매한 약재의 종류와 그 수량, 구 화폐로 계산된 매입가, 거주지와 이름이 명시된 매입처, 그리고 특이사항 등이 기록되어 있다. 약재를 주변의 일반 소상품 생산자로부터 매입을 하거나 친인척을 투입하여 약령시 등에서 매입해 왔다. 특히 도처에 산재해 있는 약재상이나 병영 출신의 전문 납품업자를 통하거나, 그 과정에서 신용화폐인 '환'과 계산서인 '장기'를 사용하였던 점은 눈여겨볼 만한 대목이다. 이를 통해 당시 거래된 약재의 값과 약재상의 다층적 존재 양태 및 물류 시스템 등을 알 수 있다.

외상 장부, 『약가봉상책』 등

뒤에서 말하겠지만, 약국 경영에서 가장 큰 애로사항이 과다하게 누적되는 외상이었다. 그래서 박약국은 우선, 외상 파악이 급선무였다. 외상 파악은 크게 두 단계로 진행되었다.

첫째 단계는 판매 장부에 파악되었다. 『제약책』에는 각 그룹별로 9월 11일 무렵과 12월 23일 무렵에 전반기와 후반기로 나누어 2회에 걸쳐 각각 외상이 결산되어 있다. 9월까지 것을 '춘등조春等條'라고, 12월까지 것을 '추등조秋等條'라고 하였다. 9월 것은 추석 지내고 정리하고서 수금에 나서기 위한 것이고, 12월 것은 연말에 정리하고서 수금에 나서기 위한 것이다. 1896년 '낙산학사한림樂山學士翰林' 편의 '춘등조'와 '추등조' 첫 번째 것을 제시하면,

① 九月十一日 樂山金永一 已上四口 合文一兩六戈七卜

② 十二月二十八日 樂山朴內成 已上二口藥價 合文一兩一戈四卜

과 같다. ①은 춘등조로 낙산리 김영일이 1896년 1월 1일부터 9월 11일까지 사이에 4회 외상을 했고, 그 외상값을 합한 것이 합문이라

그림 7
외상 장부

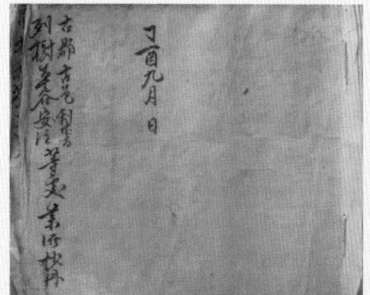
▲ 『약가초책』

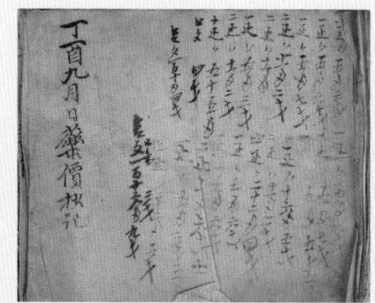
▲ 『약가초기』

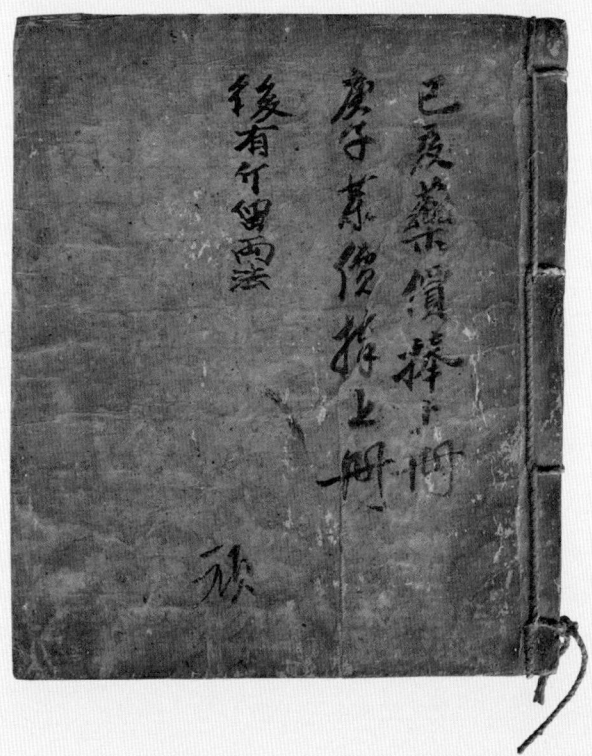
◀ 『약가봉상책』

고 하여 모두 1.67냥이었다. ②는 춘등조로 낙산리 박내성이 1896년 9월 11일부터 12월 28일까지 사이에 2회 외상을 했고 외상 약값은 1.14냥이라는 것이다. 1893년 박기현이 형님의 명에 의해 외상 수금을 위해 9월 20~27일 인근 마을을 순회한 것이 바로 이 춘등조 외상이었다.

둘째 단계는 외상 장부에 파악되었다. 독촉을 해서도 수금하지 못한 외상을 별도 장부에 기록하여 관리했다. 외상 장부란 약값 회수를 위해 장기간 외상을 상환하지 않은 고객 명단만을 특별히 작성한 문서이다. 그것으로 현재 ①『고군고읍이지열수초곡안주등처약가초책古郡古邑梨旨列樹草谷安住等處藥價抄冊』(정유 9월), ②『약가초기藥價抄記』(정유 9월), ③『약가봉상책藥價捧上冊』 등 3종이 남아 있다.

①『고군고읍이지열수초곡안주등처약가초책』은 『제약책』의 제7편 소속의 고군·고읍·이지·열수·초곡·안주면 사람들의 외상을 정유년(1899년)부터 역순으로 계사년(1893년) 이전까지를 마을별로 기재한 것이다. 전체 178인 가운데 언제까지인지는 모르지만 조금이라도 수금을 한 사람은 48인(전체의 27%)에 불과했다.

②『약가초기』는 『제약책』의 제1-5편 소속의 낙산·학사·한림·상림·지정·당산·노상·효절·내상·동렬·박동·남문·삼인·신지리 사람들의 외상이다. 마을별로 나누어 정유년(1897년)부터 역순으로 병신년

(1896년), 을미년(1895년), 갑오년(1894년), 계사년(1893년), 임진년(1892년), 무자년(1888년), 갑신년(1884년) 순으로 고객 이름과 약값이 기재되어 있다. 전체 322인 가운데 언제까지인지는 모르지만 조금이라도 수금을 한 사람은 74인(전체의 23%)에 불과했다.

③『약가봉상책』은 기해년(1899년) 12월, 신축년(1901년) 1월에 각각 작성하였다. 여기에는 제약책 방식대로 마을을 8개 그룹으로 나누고, 그룹 속의 마을별로 경자년, 기해년, 무술년, 정유년, 병신년, 임자년, 무자년, 을미년, 갑오년, 계사년, 임진년, 갑신년에 외상한 사람의 이름과 약값이 기록되어 있다. 그 가운데 기해년 장부 속의 옴천면의 경우, 19개 마을의 99인 가운데 전액이건 일부이건 간에 외상을 갚은 사람은 30인에 불과했다. 30인 가운데 기해년 그 해에 갚은 사람은 12인에 불과하였고, 나머지 18인은 이듬해 또는 그 이듬해에 갚았다. 그렇다면 한 푼도 갚지 않은 69인의 외상은 장기 지속될 수밖에 없었다. 전체적인 외상 회수율이 매우 저조했던 것이다.

이처럼, 당시 외상 판매는 매우 빈번하고 외상도 누적되고 있어, 박약국은 수금을 위한 장부를 별도로 만들었다. 외상 장부에 등장하는 사람 가운데 판매 장부에 없는 이도 적지 않으니, 고객 교체도 이루어지고 있었음을 알 수 있다.

3
어느 날에, 어떤 사람이?

날짜: 병영장날 3·8일에

이상에서 박약국에 대한 기초 정보를 얻기 위해 네 가지 장부를 소개해 보았다. 그 가운데 『제약책』을 가지고 19세기 말 사람들의 약국 이용 설명서를 만들어보겠다.

『제약책』은 일반 소비자를 대상으로 한 의약·약재 판매 장부로, 1896~1899년 4년간 것이 현존하고 있다. 여기에는 당시의 방문 일자, 고객의 거주지·계층·횟수, 결제 방법, 고객 관리는 물론이고, 거래된 의약·약재의 종류, 값, 마진, 계절·질병별 수요 등을 알 수 있는 정보가 수록되어 있다. 그러한 정보는 비록 의약 분야에 한정되어 있지만, 우리의 과거 거래 관행이나 의약 소비를 계량화하여 입증하고 한국사회의 기층문화와 그 지속성을 보여준다는 점에서 의의가 있다. 바로 이 점을 알아보기 위해 『제약책』을 집중적으로 분석해 보겠다.

앞에서 잠깐 소개한 것처럼, 『제약책』은 지역별 그룹으로 편차가 나누어져 있다. 그리고 그 그룹 단위로 판매 내역을 ①날짜, ②마을, ③이름, ④약종, ⑤수량, ⑥가격, ⑦결제 등의 순서로 적어 놓았다. 이 기록을 분석하기 위해 본 자료를 엑셀에 입력하였고, 교차 검토를 위해 여타 약국 장부와 각종 집안 문서까지 엑셀에 입력하는 작업을 진행하였다. 이제 『제약책』에 수록된 정보들을 하나씩 살펴보도록 하겠다.

『제약책』에 첫 번째로 등장하는 정보가 판매가 행해진 날짜이다. 1896년 1월 1일 자로 공식력이 시헌력에서 태양력으로 변경되었고 관청·궁중에서 모두 태양력을 사용하기 시작하였지만,[6] 본 장부의 날짜는 모두 음력으로 기재되어 있다. 가족들의 일기도 음력이다. 판매 장부의 날짜 정보를 통해 다음의 세 가지를 알 수 있다.

첫째, 판매가 행해진 연간 일수를 알 수 있다. 1896년은 304일, 1897년은 292일, 1898년은 270일, 1899년은 306일이었다. 최대 306일과 최소 270일의 차가 36일이나 된다. 해에 따라 격차가 심한 편이지만, 그에 대한 특별한 이유는 찾아지지 않는다. 다만 최소치를 기록한 1898년은 4월 28일 아버지 박재빈 상을 당하여 산소를 찾느라 출상이 지체되어 12월 14일에야 권장權葬하였다. 이때도 4월 28일 이후 곧바로 5월 2일 영업이 재개되었고, 그 이후 특이 사항은 포착되지 않는다. 4년간 연평균 영업일은 293일이니, 1년 365일의 80%만 영업이 이루어진 셈이다. 비영업일이 문을 닫아서인지 아니면 손님이 없어서인지에 대해서는 알 수 없다.

둘째, 판매가 행해진 날짜와 세시풍속의 관계를 알 수 있다. 4년간 1월 1일 설날은 모두 거래하지 않았다. 박기현은 일기에 이날 아버지(박재빈)·형님과 함께 종조 사당에 참배하고, 여러 곳 묘소에 성묘하고, 여러 친척을 방문하여 세배하였다고 적어 놓았다. 성묘는 보통 2~3일까지 이어졌다. 그럼에도 불구하고 1월 2일 영업이 2회나 있었다. 이로 보아 설날 휴업은 당일 하루에 그쳤음을 알 수 있다.

하지만 8월 15일 추석은 반대로 모두 영업을 하였다. 1896년 1건, 1897년 3건, 1898년 1건, 1899년 1건 등 4년간 총 6건이 확인된다. 특히 1897년의 경우 고군내면 효절리 정승규가 쌍화탕 1첩을, 신지리 이화중이 쌍화탕 2첩을, 옴천면 두릉리 조명칠이 가미지경탕 1첩을 사 갔다. 원근을 가리지 않고 고객이 내방하였던 것이다. 그런데 박기현은 전날부터 당일까지 병영 장대에서 씨름 구경을 하였고, 당일부터 다음날까지 아버지·형님과 함께 여러 곳 성묘를 다녔다. 그럼에도 불구하고 약국 문을 열었던 것이다. 당시의 세시풍속을 엿볼 수 있는 대목이다.

셋째, 판매일 가운데 빈도수가 높은 날짜를 알 수 있다. 이를 알아보기 위해 강진 지역의 장날부터 확인할 필요가 있다. 장시는 조선 전기에 발생하여 후기에 전국적으로 발달한 정기시장이다. 강진에는 18세기 경우 읍내, 금천, 고읍, 칠량, 대구, 백도, 보암, 고군내 등 8개 장시가 있었다. 그 가운데 병영성 아래에 들어서 있는 고군내장은 3·6·8일 월 9회 열리어, 5일마다 열리는 다른 장시와는 비교가 안 될 정도로 큰 장이었다. 병영 지역의 상권 홍성을 내다볼 수 있는 대목이다. 19세기 들어서 고군내장은 병영장으로 이름이 바뀌면서, 개시일도 3·8일로 조정되어 현재에 이른다.

바로 이 3·8일 병영 장날 장보러 나온 사람 가운데 박약국에 들리어 필요한 의약·약재를 사 간 이가 적지 않았다. 그 결과 박약국의 전체 판매 일수 가운데 병영 장날과 겹치는 비율이 압도적으로 높다. 4년간 판매가 행해진 건수가 4,069건이다. 그 가운데 3일과 8일에 행해진 건수가 1,252건에 이른다. 이 건수는 전체의 31%를 차지하며, 날짜별 평균치 20%를 크게 상회하는 것이다.

또한 병영 장날에 약값 외상을 갚는 경우도 빈번하였다. 예를 들면, 낙산리 서과부徐寡婦는 1896년 1월 3일 백중환 2개를 1전 4푼에 외상으로 사 갔다가 8일에 와서 갚았다. 이는 그녀가 3일 장날에 와서 구매하고, 8일 장날에 와서 외상을 갚았음을 말해준다. 장날 이용 빈도는 박약국에서 멀리 떨어진 사람일수록 더 높게 나타났다.

그리고 사가서 복용한 의약의 효과를 병영 장날 와서 설명한 경우도 있었다. 앞에서 말한바 있는 김덕행이 1899년 8월 8일 가미십기산과 감초 등을 인편을 통해 매입해갔다. 박약국에 보낸 편지에 조금 차도가 있으니 다음 장날에 직접 뵙고 말씀드리겠다고 하였다. 이는 그가 병영 장날 8일에 의약을 사 갔고, 다음 장날 13일에 직접 와서 뵙고 전후 사정이나 대금 결제 등을 말씀드리겠다는 것이다.

이상을 통해 의약·약재 구매에 있어서 병영권 사람들의 장날 의존도가 매우 높았고, 그중에서 장과 가까운 곳보다는 먼 곳 사람들의 의존도는 더 높았음을 알 수 있다. 이러한 현상은 병영 지역만이 아니라 전국에서 나타났다. 영국성공회에서 충북 진천에 1909년에 세운 병원의 경우, 진천 장날이면 의사와 직원들은 치료받고자 병원으로 오는 수많은 환자를 보느라 이른 아침부터 저녁까지 일을 했다. 남성들이 팔 물건을 가지고 장으로 오면서 아내와 자녀들도 함께 데리고 왔다고 한다.

마을: 병영 사람이 절반

『제약책』에 두 번째로 등장하는 정보가 구매자의 거주 마을이다. 날짜 아래에 적혀 있는 거주지는 군현, 면, 동리까지 파악할 수 있도록 되어 있다. 그것을 보면, 박약국의 고객은 강진, 영암, 장흥, 해남, 진도, 그리고 나주, 광주, 능주, 장성, 남원 등지에 분포한다. 멀리 서울에도 있었다. 당시의 교통과 통신 수단을 감안할 때에 박약국의 영업망이 상당히 넓었음을 알 수 있다. 이는 박약국의 제약 수준이 높거나 경영전략이 소비자 중심이었던 데서 비롯되었을 것이지만, 여기에 박씨가의 토지·자본 등 자산운용은 물론이고, 전국에 걸쳐 형성되어 있는 병영 상인의 폭넓은 영업망도 일조를 하였을 것 같다.

이 가운데 주 고객은 강진에 분포하였다. 강진의 전체 18개 면 전역에 널리 분포되어 있다. 병영은 강진의 북쪽에 위치함에도 불구하고, 박약국은 칠량·대구·마량 등 남쪽 끝자락까지 영업권으로 삼았던 것이다.

그렇지만 박약국이 들어서 있는 고군내면에 가장 많았는데, 이 점은 몇 가지 측면에서 확인 가능하다.

첫째, 『제약책』 목차의 전체 8개 가운데 5개가 고군내면이었다. 피상적인 면에서 고군내면이 절반을 넘는 분량을 차지한다.

둘째, 『제약책』의 4년간 판매 건수는 총 4,069건에 이른다. 그 가운데 고군내면 소속 5개 목차가 차지하는 건수는 1,651건이나 되니, 전체의 41%를 차지한다. 여기에 일곱 번째 목차의 나머지 마을까지 합치면 50% 가까이 육박할 수 있다. 도매 고객의 분포도 고군내면에 압도적으로 많았다.

셋째, 1912년에 발간된 『구한국지방행정구역명칭일람』에는 고군내면에 낙산樂山, 남서南西, 내동南東, 내상內廂, 노상路上, 당산堂山, 도롱道弄, 동열東烈, 박동博洞, 백양白羊, 삭둔朔屯, 삼인三仁, 상고上古, 상당上堂, 상림上林, 신지新池, 용두龍頭, 중가中加, 중내仲乃, 지정枳亭, 하고下古, 학사學士, 한림翰林, 효절孝節 등 24개 마을이 있는데, 이들 대부분 마을의 사람들이 박약국을 출입하였다.

넷째, 뒤에서 나오겠지만, 박약국은 많은 외상 매출을 관리하기 위해 외상 장부를 별도로 만들었다. 그 가운데 『약가초기』는 고군내면 사람들 전용 장부인데, 거기에는 면내 마을별로 1884~1987년까지의 사람 이름과 금액이 기재되어 있다.

다섯째, 박약국의 큰 손들 상당수는 고군내면 거주자였다. 그들은 병영 장교나 향리 출신이거나 상업 종사자로서 자산가 계층이었기 때문에 박약국에 자주 들리어 한꺼번에 고가의 의약을 다량으로 매입해 갔었다.

따라서 고군내면 사람들은 박약국의 최대 고객이었다. 이는 고군내면 지역사회에서 박약국이 차지하는 위상과 연관된 결과일 것이다. 그렇다고 면 사람들이 모두 박약국과 거래한 것은 아니었다. 면내에 다른 약국도 여러 곳 있었고, 유력층으로 여겨지는 병영 양로당 창건 주역들 상당수가 박약국 장부에 보이지 않은 점으로 보아 그들은 다른 약국을 이용했음을 알 수 있다. 결론적으로 박약국과 고군내면은 공동 운명체와 같은 관계여서, 박약국의 운명은 병영 혁파 등 고군내면의 변화와 직결될 수밖에 없었다.

4

고객은 누구이고, 어떤 관계인가?

이름: 자와 직역으로 기재

『제약책』에 세 번째로 등장하는 정보가 의약·약재를 구매한 사람의 이름이다. 구매자 이름은 마을 아래에 적혀 있어, 보완 자료만 있으면 그가 누구이고 왜 왔으며 박약국과 어떤 관계가 있는지를 알 수 있는 단서를 제공해 준다는 점에서 중요하다. 그런데 그 이름이 본명, 자, 직역 등으로 적혀 있어 그의 실체를 파악하기란 쉽지 않다. 하지만 부의록, 동계, 호적, 족보, 양로당, 금석문 등의 자료와의 대조를 통해 제한점의 상당 부분을 풀 수 있었다.

첫째, 본명本名으로 기재된 사람이 있다. ①김도신金道信이 박약국에 보낸 주문장에 오늘 긴급하게 사용할 곳이 있으니 청심환 2개를 이 아이 편에 보내주라고 적혀 있다. ②『제약책』(1899년) 「상림·지정·고당」 6월 29일 자에 상림리 김도신이 청심환 2개를 2.4냥에 사서 2냥을 즉상하고 0.4냥을 외상하였고, 김천도金千度가 가지고 갔다고 적혀 있다. ③박약국 부의록에 이름은 '도신', 자는 '경백', 본관은 김해, 주소는 상림리라고 적혀 있다. 이상을 보면, 판매 장부에 적힌 김도신은 그의 본명이고, 그가 보낸 아이는 그의 아들 천도임을 알 수 있다.

김도신은 4년간 이때 한번 구매하였고, 외상 장부에도 이때껏 외상 0.4냥만 적혀 있다. 이 외에는 그가 누구인지 확인되지 않는다. 결론적으로 그는 박약국이나 지역에 그리 비중 있는 인물이 아니었던 것 같다.

둘째, 자字로 기재된 사람이 있다. ①김규환金奎煥이 쌍화탕 2첩을 아이 편에 조제하여 보내주기를 바란다는 편지를 박장현에게 보내어 사 갔다. ②이 사실을 박약국은 판매 장부 1898년 11월 25일자에 고군내면 낙산리 김봉거金鳳擧가 쌍화탕 2첩을 4전에 전액 외상으로 사 갔다고 적었다. 외상 장부에도 김봉거로 적혀 있다. ③낙산리 호적 문서에는 "유학幼學 김규환金奎煥 년경신年庚申 본김해本金海"로 적혀 있고, ④박약국 부의록에는 "김규환金奎煥 자봉거字鳳擧

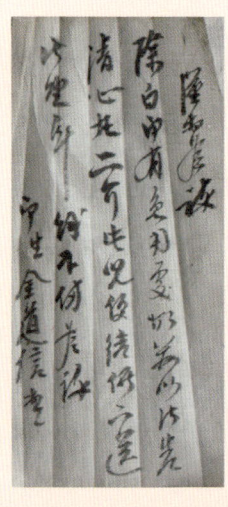

그림 8
김도신이 박약국에 보낸 주문장(1899년 6월 29일)
謹拜候疏
除白 卽有急用處 故玆以伏告
淸心丸二介 此兒便結價下送
伏望耳 餘不備候疏
卽生 金道信 拜拜

삼가 안부 편지 올립니다.
인사말을 생략합니다. 급히 사용할 곳이 있어 이처럼 아룁니다. 청심환 2개를 이 아이 편에 값을 정해서 내려 보내주시기를 바랍니다. 나머지는 이만 줄이고 편지 올립니다.
즉생 김도신 머리 조아리고 올립니다.

김해인金海人 낙산樂山"으로 적혀 있다. 이를 종합하면, '규환'은 본명이고 '봉거'는 자이다. 본인은 본명으로 주문하였지만 박약국은 자로 기재한 것이다.

김규환은 박약국에 4년간 22회 들리어 총 33.19냥 어치의 의약을 사 갔고, 51냥에 이르는 생청·호초를 4회에 걸쳐 판매한 적이 있다. 저리 이자인 경변輕邊으로 30냥을 빌려 간 적도 있다. 그리고 그는 1896년 창설된 병영양로당에서 서기·재무·총무·부계장·계장 등을 역임한 인물이다. 1913년 작성된 『통기統記』란 낙산리 호등 자료를 보면 1-6등 가운데 1등호로 기록되어 있다. 이상을 통해, 김규환은 박약국의 큰 고객이면서 고신용자였음에 분명하고, 병영 지역의

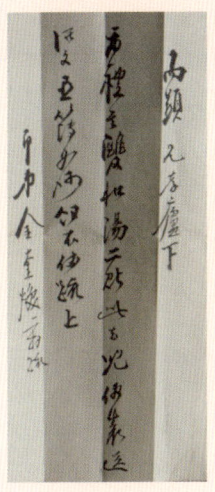

그림 9
김규환(봉거)이 박약국에 보낸 주문장(1898년 11월 25일)
而顯兄 孝廬下
省禮言 雙和湯二貼 此去兒便 製送
價文竝簿如何 餘不備疏上
卽弟 金奎煥 二拜疏

이현 형님의 효려에 보냅니다.
인사말은 생략합니다. 쌍화탕 2첩을 조제하여 이번에 가는 아이 편에 값이 적힌 문서와 함께 보내주시면 어떠하신지요? 나머지는 다 갖추지 못하고 편지 올립니다.
즉제 김규환 올림.

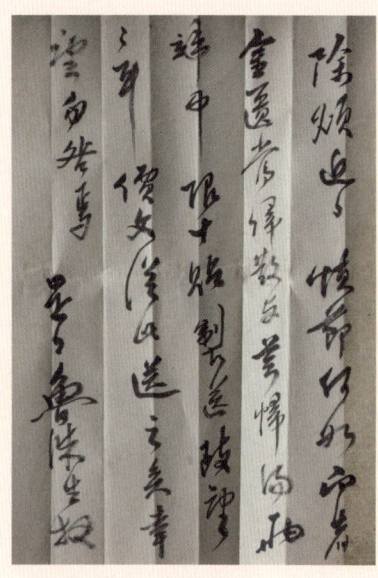

그림 10
박노수가 박약국에 보낸 주문장
(1898년 2월 15일)

除煩 近日愼節何如 卽者
金櫃當歸散与芎歸湯 兩
端中 限十貼製送 所望
之耳 價文從氏送之矣 幸
望勿咎焉
是日 魯洙生拜

인사는 생략합니다. 근래 병환은 어떠하신지요. 당장 금궤당귀산과 궁귀탕 10첩 정도를 지어서 보내주시기를 바랍니다. 값은 종씨에게 보내주십시오. 허물을 꾸짖지 마십시오.
노수 올림.

자산가이자 유력자였던 것이다.

사례 하나 더 소개하자면, 강두영姜斗榮이 쌍화탕 2첩을 보내주라는 주문장을 심부름꾼을 통해 박약국에 보내어 사 갔다. 박약국은 이 사실을 판매 장부 1898년 3월 28일 자에 고군내면 지정리 강덕홍姜德弘이 쌍화탕 2첩을 0.4냥에 외상으로 사 갔다고 적었다. '두영'은 본명이고, '덕홍'은 자이다. 강두영은 본명으로 주문하였지만, 박약국은 장부에 '덕홍'이란 자로 기재하였다. 강두영 역시 높은 신용도를 가진 박약국의 큰 고객이면서 동업자였던 것이다.

셋째, 직역職役으로 기재된 사람이 있다. ①노수魯洙란 사람이 박약국에 편지를 보내어 금궤당귀산과 궁귀탕 10첩을 사 가면서 값은 종씨를 통해 보낸다고 하였다. ②이 사실을 박약국은 판매 장부 1898년 2월 15일 자에 초곡면(현재 작천면) 죽현리 박교리朴校理가 금궤당귀산 5첩과 궁귀탕 5첩을 2.05냥에 사 갔는데 당일 1냥을 지불하고 1.05냥을 외상하였다고 적었다. ③박약국『부의록』에 "교리校理 박노수朴魯洙 자성원字聖源 밀양인密陽人 백지일속白紙壹束 초곡면죽현草谷面竹峴"이라고 적혀 있다. '노수'는 본명이고, '교리'는 직역이다. 박노수는 '노수'란 본명으로 친족 심부름꾼을 통해 약을 주문하였지만, 박약국은 장부에 '교리'란 직역으로 기재하였던 것이다.

박노수는『강진군지』에 고종 때 문과에 급제하였고,『승정원일기』에 1881년(고종 18) 5월 14일 박노수를 교리에 새로 임명한다고 적혀 있다. 문과 급제 후 홍문관 교리를 역임한 인물이다. 그는 퇴임 후 고향에 내려와 있으면서 박약국에서 2회에 걸쳐 고가 약을 대량으로 사 갔고, 박약국 가족상에 조문을 오기도 하였다. 궁벽한 강진 땅에서 흔치 않은 문과 급제자이자 중앙관직 역임자였음에 분명하다.

사례 하나 더 소개하자면, 손재수孫在秀는 박윤원에게 편지를 보내어 이번에 가는 조월삼에게 돈 12냥을 내어주라고 부탁하면서, 부탁한 물품은 어제 보냈다고 하였다. 매입 장부에는 손서진孫瑞辰

이 박약국에 약재를 여러 번 납품한 사실이 적혀 있고, 부의록에는 열수면(현재 작천면) 죽산리 사람으로, 본명은 재수이고 자는 서진이라고 적혀 있다. 본명이 '재수'이고, 자가 '서진'인 동일인임을 알 수 있다. 그런데 『제약책』에는 이름이 본명이나 자 대신 손선달孫先達로 기재되어 있고, 『각인처전곡거래일기』란 자산 장부에는 손사과孫司果로 기재되어 있다. 박기현의 일기에는 선달과 사과가 같이 나온다. 무과 급제 사실은 확인되지 않지만, 사과란 관직을 역임하여서 선달·사과로 불리었다. 손재수 역시 박약국의 큰 고객이면서 친밀도가 높은 인물이었던 것이다.

이처럼, 박약국 판매 장부에는 구매자의 이름이 본명으로 기재된 자가 있었지만, 그 사례는 극소수에 불과하였다. 반면에 본명 대신 자나 직역으로 기재된 자도 있었는데, 그 사례는 절반을 상회하는 것으로 파악된다. 특히 성과 명으로 이름이 기재된 자의 대부분은 그의 명은 본명이 아니라 자였다. 이런 식의 기재는 박약국의 판매장부는 물론이고 무약·외상·급채·소작장부가 지니고 있는 가장 큰 특징 가운데 하나이다. 이는 당시 공문서나 마을문서는 모두 본명을 기재하였고, 박약국 부의록도 대부분 본명을 적고 자를 부기하였던 점과 비교하면 대비되는 대목이다. 특히 약국 주변은 물론이고, 멀리 떨어진 장흥·영암·해남 등지의 외지인들도 대부분 자로 기재되어 있다. 심지어 구매자 본인의 주문장에는 본명으로 기재되어 있음에도 불구하고 박약국 장부에 굳이 자나 직역으로 기재된 경우가 많다는 점에서 그 문화와 목적이 궁금해진다.

그러면 누구를 자나 직역으로 기록하였을까? 지명도가 없는 사람은 약국 장부에 본명으로 기재하였지만, 어느 정도의 사회적 기반을 지닌 사람이나 직임을 역임한 사람은 자나 직역으로 기재한 것으로 보인다. 마지막으로 본명을 자로 바꾸는 일이 번거로웠을 것 같은데 왜 그러하였을까? 자는 남자가 성인이 되었을 때 본명 외에 부르는 호칭으로, 오래전부터 내려온 습속으로 본명보다 더 많이 불리어졌다. 그런데 갑오개혁 이후 신분제·과거제 폐지 등으로 전통적 질서는 사라져가고 있었기 때문에, 자에 대한 가치도 예전만 못할 수밖에 없었다. 그럼에도 불구하고 박약국은 본명 대신 자를 계속 고집하였는데, 고객 우대와 존경의 의미로 그러한 전략을 채택한 것이 아닐까 한다.

1년에 1회, 유력인·서민

이제는 몇 명이 구매해 갔고 그것은 어떤 의미를 지니고 있는가에 대해 알아보도록 하겠다. 4년간 모두 1,373명이 확인된다. 그런데 앞에서 이미 말한 것처럼, 박약국은 그 이전부터 영업을 해왔고, 이후에도 영업은 예전만은 못하지만 계속되었다. 그러므로 판매 장부와 외상 장부를 비교해 보면 판매 장부에 없는 이름이 외상 장부에 대거 보인다. 그러하기 때문에 박약국의 고객은 위 숫자를 훨씬 상회한다. 그럼에도 불구하고 여기에서는 판매 장부를 중심으로 논지를 펼쳐보겠다.

4년간 판매 건수는 4,069건에 이르고, 영업 일수가 1,172일 정도 된다. 이를 1년 365일을 기준으로 환산하면, 1인당 연평균 0.74회 방문한 셈이다. 영업한 날을 기준으로 하면, 1인당 연평균 0.85회 방문한 셈이다. 구매 건수를 기준으로 하면, 4년간 2.96건에 이른 것으로 파악된다. 이렇게 보면, 박약국 고객은 1년에 1회 정도 방문하여, 필요한 의약·약재를 1건 정도 사 간 것으로 정리된다. 이는 약국의 문은 대중에게 활짝 열려 있었지만, 고객의 실제 방문 빈도수나 구매 건수는 그리 높지 않았던 것으로 해석된다. 약국의 문은 높았던 것이다.

『제약책』을 엑셀 처리한 결과 발견한 의미 있는 정보라면 1896~1899년의 4년간 모두 1,372명의 고객이 박약국을 방문하여 4,069건의 약재·의약을 매입해 갔다는 것이다. 이 명수名數와 건수 件數는, 19세기 말의 병영 인구가 4,280명이라는 점과 '병영 지역'에 복수의 의국·약국이 있었다는 점을 감안하면, 높은 빈도라고 생각한다. 그렇다면 1,373명의 고객은 어떤 사람들일까가 궁금해질 수밖에 없다. 그들을 크게 친인척, 유력 계층, 서민 대중 등으로 나눌 수 있다. 하나씩 살펴보겠다.

첫째, 박약국의 일반 소비자 가운데는 박씨가의 친인척이 상당수 있었다. 그들로는 강서방, 곽서방, 김서방, 박서방, 서서방, 성서방, 양서방, 유서방, 이서방, 장서방, 정서방, 조서방, 주서방, 채서방, 최서방, 천서방, 한서방, 홍서방 등이 있었다. 그리고 종제, 족질, 척질, 척손, 척말, 척생, 표질, 생질, 매부, 인질姻姪, 당고모, 내종, 외종 등으로 불린 사람도 있었다. 이들은 본가, 외가, 처가, 사돈, 고모, 이모 등 혈연으로 연결된 사람들이었다.

이들 가운데는 약재 구매에 투입되어 멀리 공주나 대구 약령시를 다녀왔고 부산 약재상과 거래하기도 하였다. 또한 외상 수금에 투입되어 고금도 등 섬까지 멀리 다니기도 하였다. 이러한 과정에서 고객이 주문한 의약·약재를 직접 배달해주는 일까지 하였다. 광범

위한 가족경영 시스템이었다.

그리고 먼 길을 마다하지 않고 일부러 박약국까지 약을 사러 온 이가 적지 않았다. 예를 들면, 영암군 옥천면(현재 해남군) 비룡동 박내욱朴乃郁이 1898년 가미사물탕 20첩을 사 가면서 4냥을 직불하고 0.8냥은 외상하였고, 외상은 외상 장부에 기재되어 나중에 윤삼允三이 수금해왔다. 그는 박씨가의 친족이면서, 7대 조묘의 묘지기로서 묘답 3두 7승락을 경작하고 있었다. 비룡동은 타군에 있는 곳인 데다가 병영과 멀리 떨어진 곳임에도 불구하고, 비록 한 번이지만 일부러 박약국을 찾아와서 많은 양의 약을 구매해 갔다. 친족이면서 묘지기이기 때문에 어려움을 무릅쓰고 그러한 선택을 하였을 것이다.

둘째, 병영의 유력 계층이 박약국의 큰 고객이기도 하였다. 유력 계층이라면 문인 계층, 무인 계층, 이족이 있다.

우선, 문인 계층으로는 교리, 도사, 동지, 감찰, 찰방, 진사, 생원, 석사 등으로 불리는 사람을 들 수 있다. 이 가운데 진사로 불린 사람이 가장 많이 보인다. 그 가운데 고군내면 삼인리 방진사房進士는 4년간 6회, 1888년에 진사시에 합격한 옴천면 오추리 김진사金進士는 모두 5회 구매해 갔다. 이 외에 낙산리 유진사와 박산리 김진사도 있다. 강진 지역 사마안 분석에 의하면, 고종 대에 입록자가 15-20명 된다고 한다.

이어, 무인 계층으로는 우후, 오위장, 사과, 첨사, 중군, 도정, 별장, 선달 등으로 불리는 사람을 들 수 있다. 병영이란 군 사령부가 있는 데다가, 박씨가가 병영 장교를 역임하여서 그런지 상당히 많은 숫자가 보인다.

이 가운데 중군, 도정, 별장은 병영 직책이다. 병영 중군을 역임한 전병욱全炳郁은 열수면 용정리 사람으로 여러 번 의약을 사 갔는데, 『제약책』에 전중군全中軍으로 나온다. 도정을 역임한 사람으로는 옴천면 오추리 김도정金都正이 여러 번 나오는데, 그가 누구인지에 대해서는 알 수 없다. 전라병사가 임명하는 수인산성 별장을 역임한 사람으로는 고군내면 삼인리 남별장南別將이 딱 한 번 나오는데, 그가 누구인지는 알 수 없다.

부의록에는 오위장을 역임한 사람이 다섯 사람 정도 보인다. 그런데 『제약책』에는 고군내면 당산리 김오위장과 낙산리 신위오장 두 사람이 나온다. 이 가운데 신오위장申五衛將은 4년간 12회 박약국에서 23.23냥 어치의 각종 의약·약재를 사 갔다. 그는 본관은 평산, 본명은 동희棟熙, 자는 정삼正三이다. 오위장이 된 때는 1892년이다. 부·조·증조가 증직을 받았고 경희궁위장·수인별장을 역임한 것으로 보아, 그의 집안은 전형적인 무인 가계임을 알 수 있다.

그리고 고군내면 삼인리 명첨사明僉使는 모두 12회 방문하여

24.35냥 어치의 각종 의약·약재를 사 갔는데, 그는 1893년 가리포진 첨사를 역임한 명선욱明瑄煜으로, 동학농민군의 공격에 병영성을 지키지 못하였다고 일본군이 전라병사와 병영 장교들을 나주로 끌고 가서 죽이려 할 때에 주선하여 풀려나게 한 공로로 주민들로부터 공적비를 세워 받았다.

마지막으로, 전라병영의 이족에 관한 자료는 아직까지 발견되지 않고 있고, 그들이 병영의 무인과 어떤 관련이 있는지도 알 수 없다. 나주 향리의 경우 나주 목사의 지휘를 받는 목향리와 전라 전영장의 지휘를 받는 진영향리가 별개의 집단이라는 연구성과를 참고한다면,[7] 전라병영도 무인층과 이족층은 별개로 존재하였을 것이라는 가설을 세울 수 있다.

고군내면 남문리 사람 강순가姜淳可는 총 17회 박약국을 들리었고, 박약국에 생청을 판 적도 있다. 그는 본관은 진주, 자가 순가, 명은 두찬斗贊으로 전 병영 이방이었다. 병영 폐영 직후 1896년에 병영 장교층이 양로당을 창설할 때에 명선욱과 함께 주도적 역할을 한 인물이기도 하다. 이런 일로 주민들이 강두찬을 기리는 불망비를 세웠는데 현재 2기가 남아 있다. 1회 의약 매입 실적이 있는 남문리 사람 강덕재姜德在는 자가 덕재, 명은 두경斗熲이다. 그는 병영 아전으로서 해남 향리에게 업무상 보낸 편지가 남아 있다. 위 두 사람은 일족으로서, 병영 이족이었던 것이다.

셋째, 다양한 계층으로 구성된 일반 서민 대중들도 박약국의 주 고객이었다. 그들로는 조모, 과부, 여인, 모, 처, 자부, 소가 등 혼자 사는 여성이 있었다. 이 가운데 과부로는 김과부, 마과부, 서과부, 황과부 등 4명이 보이는데, 박약국에 조문온 이도 있다. 소가小家로는 3명이 보이고, 소가가 남편 대신 와서 가지고 간 경우도 있다. 과부와 소가 모두 적지 않은 숫자이다.

그리고 고공, 하인, 산지기, 마부, 장인, 상인, 재인, 무동 등 임노동자나 상공인 및 예능인들도 있었다. 이 가운데 혜장鞋匠과 은장이銀匠伊 등의 장인, 어물상魚物商과 과실상果實商의 상인은 병영장에서 영업하는 상공인일 것이다.

또 명암明岩, 왈순曰順, 첨월瞻月, 평춘平春, 상근尙根처럼 성은 없고 이름만 있는 사람들이 있는데, 이들 거주지가 모두 병영성 아래인 것으로 보아 특수직 종사자였을 것 같다. 이 가운데 고군내면 남외리 거주 왈순은 1회 구매하였지만, 여러 번 약재를 납품한 적이 있다. 또한 공야지公也之, 자근노미者斤老未, 뿔살이, 몽아치처럼 천한 표현의 이름을 가진 사람들도 있었다.

그리고 노·비 등으로 표현되는 천인층에 속하는 사람들도 있으니, 노비제 혁파 이후에도 관행적으로 그렇게 불렀던 것 같다. 그 가운데 노奴 칠조七祚는 고군내면 내상리 거주자로, 박약국에서 4년간 4회 6건의 의약을 구매하였고, 박약국 토지를 소작하기도 하였다. 이 외에 맹인, 수인사 승려도 있었다.

이처럼 박약국의 고객은 의약업 종사자, 친인척, 유력 계층, 그리고 서민 대중 등 다양하게 구성되어 있었다. 심지어 혼자 사는 여성, 머슴 등의 임노동자, 무당, 재인, 장애인, 천한 표현의 이름을 가진 사람, 천인, 승려 등 취약 계층이나 사회경제적 약자도 적지 않게 포함되어 있다. 그리고 이들의 거주지를 보면 박약국이 존재하는 '병영 지역'이 압도적으로 많지만, 강진현 전역에 분포하고 더 나아가 병영 인근의 해남·장흥·나주·영암 사람들도 적지 않다. 이러한 다양하고 폭넓은 고객의 구성과 분포는 무엇을 의미할까? 박약국의 제약 수준이 높고 취급 의약이 다양하거나 고객 관리 역량이 뛰어났고, 당시 사람들의 의약 소비가 대중화되었다고 해석하게 해준다. 그러나 고객 1인당 연평균 0.74회 출입하였다는 정보는 약국의 문은 개방되어 있을지라도 실제 이용 빈도는 높지 않았다는 사실을 말해준다.

여기에서 한 가지를 추가로 알 수 있다. 무엇이냐면 이들 서민 대중이 독립 가호였다는 점이고, 그 숫자가 상당히 많다는 점이고, 그들 서민들에게 약국의 문호는 기본적으로 넓게 열려 있었다는 점이다. 문호는 개방되어 있었지만 그들 대부분은 4년간 1-2회 내왕하여 저가 의약을 구매하는 데에 그쳤으니, 아직은 그들에게 약국은 높고 먼 곳이었던 것이다. 그러나 은장이 같은 경우 4회 들리어 1첩에 2전하는 고가의 가미곽정산을 사기도 했으니, 그중에는 높은 경제력을 보유한 사람도 있었던 것 같다. 이상의 박약국 사례를 통해 당시 사회의 한 단면을 읽어낼 수 있는데, 우선 노동·기예·물품을 팔아 생계를 유지하는 기층민들도 독립 가계를 유지하고 있는 호주였을 것이라는 점, 그리고 광무호적·민적이 등장할 때까지 성을 사용하지 않은 이가 적지 않았던 점이 주목된다.[8]

심부름꾼 – 머슴, 동리인, 가족

소비자들은 본인이 직접 박약국에 와서 필요한 약재나 약을 구매해 갔다. 그런 경우 문서에 '자지거自持去', 즉 '자기가 가지고 갔다'로 기록되어 있다. 그렇다고 모든 경우를 그렇게 기록한 것은 아니었다. 아주 특수한 상황에서만 그렇게 기록하였기 때문에 많은 사례가 발견되지는 않는다.

또한 본인 대신 제3자를 박약국에 보내어 구두나 문서로 필요한 것을 주문하고서 가지고 가는 경우도 많았다. 이 경우는 해당란의 끝에 '○○거去', '○○지거持去', '○○편거便去' 등으로 기재되어 있다. ○○가 가지고 갔다는 말이고, ○○에게 보냈다는 뜻이다. 예를 들면, 1896년 『제약책』에 "초구일初九日 낙산樂山 김정우金正禹 청심환清心丸 일개一介 △ 일냥一兩 임삼준거任三駿去"라고 적혀 있다. 1월 9일에 낙산리 김정우가 청심환 1개를 1냥에 전액 외상으로 사 갔는데, 본인이 오지 않고 대신 임삼준이 와서 가지고 갔다는 말이다. 이런 식으로 제3자가 와서 가지고 간 건수는 519건이나 되어 전체 4,069건의 13%나 된다.

그런데 누군가가 대신 와서 가져갔음에도 불구하고 장부에 그 사실이 기재되어 있지 않은 경우가 적지 않다. 예를 하나 들어보겠다. 낙산리 김영일金永一은 고성조란 이름의 고용인 1명을 두고 있었다. 그는 1898년 3월 14일에 박약국에 주문장을 보내어, 병을 앓고 있는 아이를 치료하기 위해 우황 1푼이 필요하니 심부름 간 하인 편에 보내주고 약값은 나중에 갚겠다고 하였다. 하인에게 우황을 외상으로 내준 박약국은 1898년 판매 장부 3월 14일 자에 "낙산樂山 김영일金永一 우황일분牛黃一分 △ 팔전八戈"이라고만 적어놓았다. 가져간 사람의 이름을 적지는 않았지만, 주문장 속의 하인은 호적성책 속의 고용인 고성조가 아닐까 한다. 이처럼 제3자가 가져갔음에도 그 사실을 적지 않은 경우가 있었다. 병영에서 살면서 신인도가 높은 고객이어서 향후 문제가 발생할 가능성이 낮다고 판단한 결과였을 것 같다. 그러므로 제3자 케이스는 13%보다 더 높은 비율이었을 것이다. 바로 이 점, 즉 제3자가 빈번하게 왔다는 사실과 그것을 장부에 비교적 꼼꼼하게 기재한 사실은 박약국 장부의 회계사적 가치를 높여주기에 충분하다.

그러면 심부름꾼으로 누가 왔을까? 구매자와 심부름꾼의 관계가 명시되어 있는 사례가 있는가 하면, 심부름꾼 이름만 기재되어 있는 사례도 있지만 관계성 추적이 불가능한 것이 아니다. 그 결과 심부름꾼을 구매자의 머슴, 동리인, 가족 등으로 나누어 볼 수 있다. 하나씩 알아보겠다.

첫째, 구매자의 머슴이 와서 가지고 간 경우가 있다. 이는 '기고공거其雇工去', 즉 그의 고공이 가지고 갔다고 기록되어 있다. 그 외에 하인下人, 비자婢子, 비부婢夫 등도 주인집 약 심부름을 하였다. 이 가운데 주인집에 기숙하는 머슴인 고공雇工에 의한 건수가 무려 17회에 이르러 매우 많은 편이다. 박약국에서 구매한 약값의 일부를 고공가로 제한 경우도 있다. 이로 보아 당시 박약국 주변에 고공이 많았음을 알 수 있다. 실제 1898년 작성된 낙산리 호적성책을 보면, 전체 87호 가운데 17%인 15호에서 고용인·기거자·노비로 표현되는 25명의 하솔을 두고 있었다.

본명이 남균楠均인 낙산리 신형좌申亨佐는 96년 9회, 97년 15회, 98년 2회, 99년 5회 등 4년간 총 31회 구매 실적이 있다. 이 가운데 전체의 16%인 5회가 제3자에 의한 것으로 기록되어 있다. 이 건수는 '기차고공거其次雇工去' 3회, '형노지거亨老持去' 1회, '김채명거金采明去' 1회로 구성되어 있다. '차고공次雇工'은 그의 두 번째 고공이라는 말이고, '형노亨老'는 그의 동생 신화균의 자이고, '김채명金采明'은 초곡면 갑동 사람이다. 이를 보면 신형좌에게 복수의 고공이 있었음을 알 수 있는데, 실제 당시 그에게는 비 1명과 고용인 2명의 하솔이 있었다.

그러면 고공은 자기가 필요한 의약을 어떻게 조달하였을까? 하나는 고공 본인이 직접 구매하는 방법이 있었다. 그 사례는 '위동형좌고공魏童亨佐雇工', '첨사하인쌍동僉使下人雙同', '대택고공大宅雇工'으로 기록되어 있다. 신형좌의 고공 위동이 샀다, 명첨사의 하인 쌍둥이 샀다, 큰 집 고공이 샀다는 말이다. 또 하나는 주인이 대신 구매해 주는 방법이 있었다. 그 사례는 '기고공조이가거其雇工條李哥去'로 기록되었으니, 고공 약을 주인이 샀는데 이씨가 가지고 갔다는 말이다.

둘째, 동리인이 와서 가지고 간 경우가 있다. 이 경우는 우선, 동리인 가운데 박약국과 잦은 거래를 해온 사람이 와서 가져간 사례가 있다. 예를 들면, 장흥 유치면 능용리에 사는 김치현이 1897년 5월 5일에 소감小甘 1근을 샀는데, 문경삼이 가지고 갔다. 문경삼은 김치현과 같은 능용리 사람으로서 4년간 박약국에 4회 들러 의약·생재를 사 갔고, 『무약록』에 수차례 생재를 박약국에 판매한 사람으로 기록되어 있다. 따라서 문경삼이 무슨 일로 병영에 나오면서 한동네 사람 김치현의 심부름을 겸한 것이라고 보여진다.

이어, 동리인 가운데 박약국과 잦은 거래를 하지는 않은 사람이 가지고 간 사례도 있다. 예를 들면, 1897년 7월 18일 고읍면(현재 성전면) 금여리에 살고 있는 이공모가 십전대보탕을, 이화여가 영합산을 샀는데, 이를 모두 우진이라는 사람이 와서 가지고 갔다. 우진은 금여리 같은 마을 사람으로 추정된다. 이 날은 병영 장날이다. 아마 장보러 나오면서 동네 사람들의 이러저러한 일까지 겸하였던 것 같다.

또 이어, 특정인이 한 사람의 심부름을 자주 해 준 사례도 있다. 예를 들면, 파지대면 관동의 오자삼·오성구는 1897~1899년에 같은 마을에 사는 임태여에게 의약·생재 구매 심부름을 7회나 의뢰했다. 그 결과 임태여는 오씨들의 구매를 거의 도맡아 대행했고, 그 과정에서 자신의 약도 1회 구매했다. 오자삼은 현지에서 약재 판매업을 하고 있던 사람이다. 그런 사람의 심부름을 임태여가 도맡았다는 것은 그가 오씨 약국의 점원 역할을 하고 있었다고 해석하게 해 준다. 결국 한동네 사람이 대신 와서 구매해 간 사례는 상당히 많은 편이다. 옆 마을 사람이 가지고 간 사례까지를 포함하여, 이는 당시 사람들의 공동체 생활의 결과였다.

셋째, 본가나 처가의 가족이 가지고 간 경우가 있는데, 가장 높은 빈도수를 차지한다. 일반 소비자도 그러했고, 의약업을 경영하는 도매자도 그러했다. 이는 당시의 가족 중심 생활을 반영한 결과일 것이다. 이 경우도 여러 사례로 나누어 볼 수 있다.

①'기자거其子去'라 하여 아들이 가지고 간 사례가 가장 많았다. 이때 '기장자거其長子去', '기삼자거其三子去', '기사자거其四子去'라고

하여 몇째인지를 적시하기도 했다. ②'기손자거其孫子去', '기아거其兒去', '기중아거其仲兒去', '기당숙아거其當叔兒去'라고 하여 아이들도 적지 않았다. 어른은 생업에 종사하고 그렇지 않은 어린 아들을 보냈던 것 같다. ③'기조모거其祖母去', '기모거其母去', '기자친거其慈親去', '기처거其妻去', '기소가거其小家去', '기제녀거其弟女去', '기장모거其丈母去', '기숙모거其叔母去', '기고모거其姑母去' 등 할머니, 어머니, 처, 소가, 장모, 여동생, 숙모, 고모 등 여성이 가지고 가기도 했다. ④'기부거其父去', '기형거其兄去', '기중형거其仲兄去', '기제거其弟去', '기매부거其妹夫去', '기재종제거其再從弟去', '기종제거其從弟去', '기생질거其甥侄去' 등 아버지, 형, 남동생, 여동생, 조카 등이 가지고 간 사례도 있었다. 이는 많은 부자나 형제가 결혼한 후에도 한 마을에 같이 산 결과일 것이다. ⑤기타 '기처남거其妻男去', '기장인거其丈人去' 등 처가 사람들도 가지고 갔다.

이 가운데 가장 빈도수가 높은 사례는 아이들이 와서 가지고 간 것이다. 누군가가 이전에 샀던 괴화의 외상값 2.35냥을 보내면서 경분 4돈을 심부름 간 아이 편에 보내주라고 박약국에 주문장을 보냈다. 이를 박약국은 『각처각국거래책』, 「낭서면엄길朗西面嚴吉 전찬익全贊益 거래기去來記」 편의 1898년 1월 13일 자의 "경분사전輕粉四戈 △ 일냥一兩 육전六戈 전재성거全在成去" 기사 위에 붙여져 놓았다. 이는 주문장의 발신자는 영암 서면(현재 서호면) 엄길리에 사는 전찬익이고, 때는 1898년 1월 13일이고, 심부름 온 자는 전재성이라는 사실을 전해준다. 이로 보아 전찬익이 보낸 아이는 그의 아들 재성이었던 것이다. 아이들을 통해서 약을 지어오게 하는 일은 근래까지 이어져 온 한국사회의 거래 관행이었다.

그리고 여성들이 대신 온 사례 또한 적지 않다. 이 사례는 병영과의 원근거리에 관계없이 나타난다. 예를 들면, 옴천면 개산리 안영수는 1897년에 3회 구매하였는데, 한 번은 본인이, 또 한 번은 규대란 사람이, 마지막은 그의 어머니가 가지고 갔다. 이때 영복리 서평국은 2회 가운데, 한 번은 본인이 왔지만, 마지막은 그의 처가 가지고 갔다. 이는 여성들의 장시 출입이 잦은 것과 맥을 같이하는 현상이다. 당시 여성의 잦은 장시 출입은 여러 자료에 보인다.

이처럼, 박약국 고객은 본인이 직접 내왕하기도 하지만, 제3자를 보내서 의약을 구매했다. 제3자의 경우 가족이 가장 높은 빈도수를 차지했는데, 가족 가운데 아들이나 여성이 상당히 많았다. 제3자를 보낼 때에는 주문장을 작성해서 함께 보냈는데, 그것을 받은 박약국은 후일 분쟁에 대비하기 위해 접어서 장부 속에 넣어 두었다. 그러면 이어서 주문장에 대해 자세히 알아보도록 하겠다.

주문장, 편지이자 장기

 박약국은 고객이 의약을 사러 올 때에 가지고 온 주문장을 접어서 그 날짜의 장부에 끼워 넣었다. 일부는 제자리에 지금까지 있지만, 일부는 후대에 장부를 열람한 사람에 의해 교란되어 다른 날짜에 끼워져 있다. 끼워 넣은 목적은 증거를 보존하여 나중에 발생할 줄 모르는 회계 분쟁을 예방하기 위해서였던 것 같다. 그래서 주문장은 장기掌記 역할을 했다. 현존 수량은 총 40여 장에 이른다. 주

그림 11

김일숙 주문장(1898년 7월 10일)

檳柳作末 三戈 △ 一戈二卜
輕粉 一戈五卜 △ 六戈
合掌散 一貼 △ 一 戈
下送示價伏企耳
合文八戈二卜

빈류작말 3돈, 경분 1돈 5푼, 합장산 1첩을 값을 보여주고 내려 보내주실 것을 엎드려 바랍니다.
합 8전 2복.

문장은 현재처럼 정해진 형식을 갖추지는 않았지만, 대체로 필요한 사항만 간단하게 적는 메모지 형식 또는 당시의 대표적인 통신수단인 편지 형식을 띠었다. 두 가지 형식별로 나누어 주문장을 소개하겠다.

첫째, 필요한 약재의 종류·수량만 적은 간단한 메모지 형식에 대해 알아보겠다. 이 형식은 여러 유형이 있다. ①주문 약재의 품목과 수량만 기록되어 있는 주문장, ②품목과 수량 외에 발신인까지 기록되어 있는 주문장, ③주문 약의 품목과 수량 및 방법만 기록되어 있는 주문장이 있다.

③의 사례를 들자면, 소재 불명인이 불상일에 빈류 가루 3돈, 경분 1돈 5푼, 합장산 1첩을 값을 보여주고 보내주라는 내용이 적혀 있는 주문장을 보냈다. 이를 받은 박약국은 각 약재 아래에 값을 각각 매기고 합계 0.82냥이라고 적고서 심부름꾼에게 보여준 후 접어서 장부에 보관하였다. 『제약책』(1898년) 「동렬·박동·남문」 7월 10일 자를 보면, 박동 김일숙이 빈류말 3돈, 경분 1돈 5푼, 합장산 1첩을 0.82냥에 사 갔는데, 0.4냥은 8월 20일에 계산했고 외상이 0.42냥이라고 적혀 있다. 따라서 위 편지는 바로 이 김일숙이 보낸 것이다. 이처럼 이 주문장은 비록 약재 이름과 수량만 딸랑 기록되어 있지만, 어떻게 보내주라는 간단한 방법이 제시되어 있어 앞의 두 사

그림 12
김일숙 주문장(1899년 6월 1일)

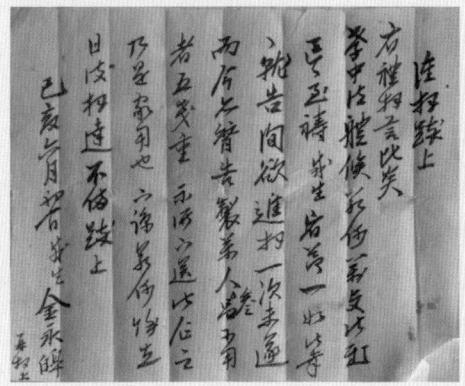

謹拜跪上
省禮拜言 比炎
孝中侍體候若何 萬支伏慰
區區至禱 戚生 省節一如 伏幸
伏幸 就告 間欲拜進 一次未遂
而今亦替告 製藥人蔘 易可用
者五戔重 示價下送伏企云
乃是家用也 下諒若何 餘在
日後拜達 不備疏上
己亥六月初一日 戚生 金永皞
再拜上

삼가 편지 올립니다.
인사말은 생략하고 말씀 올립니다. 무더위에 아버님 상중에 어머님 모시고 사시는 생활이 어떠하신지요? 만 가지가 좋으시기를 엎드려 위로 드리고 간절히 기도합니다. 저는 부모님 모시고 사는 생활이 한결같아 다행입니다. 다름이 아니오라 그간에 나아가 인사드리려고 하였으나 한 번도 하지 못하고 지금 또한 대신 아룁니다. 제약용 인삼으로 사용할 수 있는 것 5돈을 값을 보여주고 보내주시기를 엎드려 기원합니다. 이는 가용입니다. 살펴주십시오. 나머지는 몇 칠 후 뵙고 말씀드리겠습니다. 다 갖추지 못하고 편지 올립니다.
1899년 6월 초1일 척생 김영호 두 번 절하고 올림.

례보다는 다소 자세한 편이다.

둘째, 격식을 차려 인사말과 함께 필요한 약재의 종류·수량을 적은 편지 형식의 주문장에 대해 알아보겠다. 편지는 기본적으로 일정한 격식을 갖추고 있는데, 서두書頭(머리말), 후문候問(상대방 안부), 자서自叙(자신 근황), 술사述事(제반사), 결미結尾(맺음말) 등 5

단락으로 구성되어 있다. 박약국에 들어온 주문장이 모두 이러한 5단락으로 구성되어 있는 것은 아니다. 아주 다양한 형식으로 되어 있다. ①소수이지만 완전 편지 형식의 주문장이 있고, ②대다수는 불완전한 격식의 편지이고, ③완전하든 불완전하든 약종과 수량 외에 증상까지 기록된 편지 형식의 주문장도 있다.

①의 사례를 들자면, 인척인 김영호가 1899년 6월 1일 심부름꾼을 통해 박약국에 주문장을 보내어 가정에서 사용할 인삼 5돈을 사 갔다. 『제약책』을 보면 1899년 6월 1일 박동 사는 김일숙이 인삼 5돈을 1.65냥에 외상으로 사 갔다. 영호는 명이고, 일숙은 자이다. 이 주문장에는 서두, 후문, 자서, 술사, 결미 등 5단락에 의해 수신자와 발신자, 발신일, 주문 약재의 품목과 수량 및 필요 이유와 발송 방법, 그리고 간단한 인사말까지 기록되어 있다.

이 대목에서 증상까지 기록된 편지 형식의 주문장을 소개하지 않을 수 없다. 누군가가 어느 해 7월 8일에 농혈·열·갈증을 치료하는 삼기보폐탕 5첩을 이번에 가는 인편에 조제하여 보내주시기를 간절히 바란다고 하면서, 농즙이 나오다가 지금 약간 덜 하다는 증상까지 주문장에 말하였다. 『제약책』을 보면, 초곡면 갈동 김덕행이 1899년 7월 8일 삼기보폐탕 5첩을 2냥 6전에 사 갔다. 그는 이후에도 주문장으로 추가 구매를 하였다.

박약국은 약재를 거래하면서 향후 분쟁을 막기 위해 상거래 명세서인 장기를 작성해서 보관했다. 박동국博洞局 주인 최응대崔應大가 박약국에 보낸 한 주문장을 보면,

朴大仁知三兄前

除煩 掌記與錢文封裏

呈 無漏秤送若何

卽日 弟崔應大上

대인 박지삼 형님에게

인사말은 생략합니다. 장기와 돈은 싸서 드립니다. 무게에서 누락 없이 보내주었으면 합니다.

즉일 최응대 올림.

라고 하여, 장기와 돈을 싸서 올려 보내니 계산하여 누락 없이 약재를 보내주시기를 바란다는 것이다. 주문하는 약재의 물목표와 약값을 누군가를 통해 보냈다는 말이다. 이를 받은 박약국은 약재를 보내고 장기를 접어서 거래 장부 속에 넣어 두었을 것이다. 앞에서 말한 동래 목촌상점에서 발행한 장기도 이런 과정을 거쳐 현존해 있다. 이상은 박약국이 병영 내외 상인들과 장기를 빈번하게 주고받

앉음을 증명하는데, 이는 그만큼 박약국의 경영술이 이전보다 더 발달했음을 의미할 것이다. 하지만 그 가운데는 '장기', '약장기', '핍재기', '표' 등이 명시되어 있는 것도 있지만, 이런 표현 없이 수량과 값 및 일자와 판매자 등만 기재되어 있는 것도 있다. 이렇게 보면, 광의의 '장기'란 문서와 그 기재 형태는 존재했지만, 정형화된 용어나 양식은 없었음을 알 수 있다. 그리고 『무약기』나 『제약책』에 옮겨 적은 후 박약국 자체에서 장기를 장부 형태로 철하지도 않았고 일부만 접어서 본장 안에 끼워 넣어두었다. 이는 박약국을 포함한 대부분 상회사의 당시 경영 수준을 반영한 결과였음에 분명하다.

이처럼, 고객의 제3자가 박약국에 가지고 온 주문장은 간단한 메모지 형식 또는 일반적 편지 형식 등 다양하다. 그 가운데는 필요한 약종과 그 수량만 기재되었을 뿐 발신자와 발신일이 생략된 것도 있지만, 우리는 판매 장부·부의록과의 교차 검토를 통해 생략된 점을 확인할 수 있었다. 이 외에 증상까지 기재된 주문장은 문진 역할을 하였다고 보여진다.

경제 공동체 — 채무, 작인, 조문

박약국 판매 장부에는 1,372인의 고객이 등장한다. 이들은 박약국과 어떤 관계가 있었을까? 박씨가는 약국 외에 본전과 토지도 운용하면서 관련 자료를 남겼는데,[9] 이를 살펴보면 박약국과 고객의 관련성이 드러날 것 같아 분석해 보겠다.

그림 13
『각인채급급대급여채득용기』
표지, 첫 페이지

첫째, 박약국은 사채업을 꽤 크게 하면서 사채 장부를 별도로 두었다. 박약국의 자산 출입 장부인 전곡 거래 일기에 '채책債冊'이라는 장부가 언급되어 있는데, 그것이 특정 장부 이름인지 아니면 일반적 표현인지에 대해서는 확인하기 어렵다. 현재 『각인채급급대급여채득용기各人債給及貸給與債得用記』라는 장부가 남아 있는데, 위 기사는 이 장부를 말하는 것이 아닌가 한다.

이 문서는 무술년(1898년) 정월에 작성되어, 1896~1900년에 강덕홍을 포함한 54명에게 제공된 사채 내역이 기재되어 있다. 인명은 약국 장부처럼 대부분 자로 기재되어 있다. 채금은 현금으로 빌려주기도 하지만, 조租를 시가로 계산하여 빌려주었는데 이 조는 소작료일 것이다. 원금은 박약국 본인 것도 있지만, 박약국에서 보증선 제3자 것도 있다. 이자는 경변輕邊, 삼변三邊, 사변四邊, 오변五邊 등 다양했으니, 채무자의 신용 정도에 따라 각기 달랐던 것이다. 이자를 내면 영수증을 써서 사실을 입증했는데, 현재 한 장만이 장부 속에 들어있다.

대출 방식은 신용대출도 있었지만, 전답이나 비婢 또는 철과 같은 현물을 저당 잡은 담보대출도 있었다. 액수는 많게는 200-500냥에서 적게는 1-3냥에 이르렀다. 용도는 알 수 없지만, 가용을 위한 것도 있었고, 상업을 위한 것도 있었다. 상업용의 경우 장흥장이나 대구 약령시 관련이 확인되고 그 규모도 큰 편이다.

　채무자 54명을 분석해 보면, 다음의 몇 가지를 알 수 있다. ①그들 가운데 병영 사람이 가장 많았다. 그리고 병영에서 멀리 떨어진 강진 금천면, 장흥 유치·장서면, 보성, 진도, 청산도 등지 사람들도 있었다. ②채무자 거주지가 토지 분포지와 대략 일치한다. 당연히 채무자 가운데 소작자가 적지 않았다. ③54명의 채무자 대부분은 박약국의 큰 고객이었다. 의약·약재를 박약국에서 사 가고, 약재를 박약국에 팔거나 매입해 오는 일을 맡기도 했다. ④한꺼번에 거금을 빌려 간 사람들 가운데 박약국을 수없이 드나든 사람이 적지 않다. 예를 들면, 장흥 유치면 방촌 강사성은 200냥을 빌려 가서 두 달간 이자 16냥을 내고 100·50·50냥씩 분할 상환하였다. 그는 약재를 8회 매도하고 의약·약재를 16회 매입한 박약국의 큰 고객이다.

　이렇게 살펴본바, 약국 고객과 사채 채무자가 상당수 겹친다. 박약국이 의약을 사 간 사람에게 돈을 빌려준 것인지, 아니면 채무자가 돈을 빌리기 위해 의약을 사 간 것인지에 대해서는 분간하기가 쉽지는 않지만, 어느 정도 연결 고리가 있었던 것만은 분명해 보인다.

　둘째, 박약국은 적지 않은 토지를 보유하고 있었다. 그 토지는 자작지와 소작지로 나뉘어 경작되었다. 자작지에는 자신의 노동력과 함께 자신이 고용한 고군雇軍이 투입되었다. 고군 가운데 약국 고객이 적지 않다.

　소작지에는 작인이 투입되었다. 박기현의 경우 추수기 등 소작지 운영 자료가 별도로 남아 있지 않다. 가계부에 160냥을 들여 금천면 풍동에 답 3두락을 매득하고 매년 화곡禾穀 2석 5두씩을 받는다고 적혀 있다. 풍동은 박기현의 막내 누이가 출가한 곳으로서, 용정리와 멀리 떨어져 있기 때문에, 이 매입 토지는 자작은 불가능하고 지주제로 경영될 수밖에 없다.

　이어 박약국의 작인에 대해 알아보자. 박약국 측은 소작지 경영 내역을 『을미추추감집석기乙未秋秋勘執石記』라는 이름의 장부에 기록해 두었다. 이는 1895~1899년 추수기이다. 1895년의 경우 강진

그림 14
『추수기』

▼ 을미년(1895년)　　　▼ 병신년(1896)

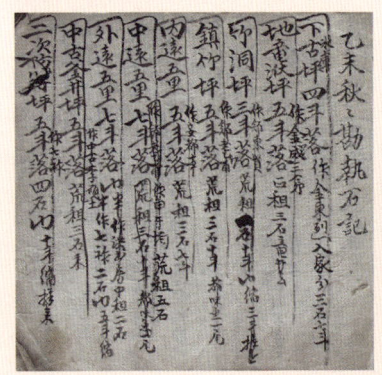
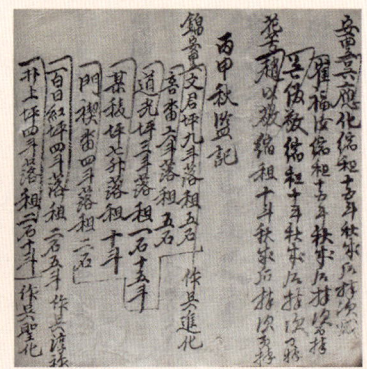

의 고군내면·열수면·초곡면·옴천면·금천면, 장흥의 유치면·장서면, 보성의 봉동 등지의 64곳에 모두 전답 271두락의 소작지를 두었다. 장부상 소작료는 "지용보평오두락地龍洑坪五斗落 작김성삼제作金成三弟 정조삼석正祖三石", "진죽평오두락鎭竹坪五斗落 작정노을보作鄭老乙甫 황조삼석십두荒租三石十斗"라고 한 것처럼, 5두락 당 정조 3석 이내였다. 그리하여 소작료로 들어오는 전체 수입은 조 150석 정도 되었다. 그 가운데 일부는 자가 소비용이나 친척 지원용으로 사용되고, 나머지는 잉여곡으로 재테크에 투입되었다. 잉여곡은 본색으로 대출되어 장리長利로 이식되거나 시가로 작전되어 고리高利로 이식되었다. 그리고 시장에서 처분되어 현금화되었는데 1900년 4월 14일에 조 61석과 미 4석을 무안 목포항에 운반해 둔 적이 있다. 그런데 1899년에는 소작지가 222두락에 불과하였다. 후대로 갈수록 보유 토지가 줄어드는 형세였다. 약국 경영의 하강세, 더 나아가 병영 상권의 추락과 맥을 같이 한 결과였다.

위 추수기에는 5년간 총 94명의 작인이 적혀 있다. 그 가운데 성명이 없는 대택大宅, 내동인, 월암 작인, 선가宣哥, 당숙, 황서방 등이 있다. 이를 제외하면 88명의 작인 성명이 확인된다. 이들과 박약국 사이에는 어떤 관련성이 있을까?

박약국 소작지의 88명 작인을 『제약책』(의약 판매 장부) 속에서 찾으면 52%가 넘는 무려 46명이 발견된다. 예를 들면, 초곡면 여암에 사는 이문량李文良(亮으로도 기재)이 1895·96·97·98년에 토동 사문평 답 3두락과 촌전평 3두락의 작인으로 나온다. 그는 박약국에서 1896년에 3회에 걸쳐 궁지향소산·회생산과 각종 약재를, 1897년에 5회에 걸쳐 황단·산약·생재·구판을, 1898년에 4회에 걸쳐 각종 약재를, 1899년에 한 번 십전대보탕을 사 갔다. 그런가 하면 그는 1892년부터 매년 박약국에 각종 약재를 팔기도 하였다. 당연히 그는 박재빈 상에 조문을 오지 않을 수 없었다. 본관은 경주, 본명은 은우恩雨이고 자가 문량이었다. 그의 동생 이문옥李文玉[명 봉우逢雨]도 박약국에 의약을 사러 왔고 약재를 팔러온 적도 있고, 역시 형과 함께 조문을 왔다. 이문량과는 달리 사람 성명이 추수기에 본명으로 기재된 숫자가 적지 않고, 반대로 약국 장부에는 자로 기재되어 있어 두 문건 속의 일치자를 완전하게 확인했다고 장담할 수는 없다. 그렇다고 하더라도 적어도 박씨가 작인의 52% 정도가 박약국을 이용한 것이다. 박약국 고객 가운데 박약국에서 멀리 떨어진 장흥 유치면 사람들이나 강진 금천면 사람들이 많은 것은 이 소작지와 무관하다고 말할 수 없다. 소작지를 2-3곳 경작한 사람들은 거의 대부분 박약국 고객이었으니, 그들의 의약 구매 선택권은 박약국 외에는 상상하기 어려웠을 것이다.

이렇게 살펴본바, 박약국의 작인 가운데 50% 이상은 박약국에서 의약을 사 갔고, 박약국에 조문을 왔다. 이런 현상은 박약국에만 한정된 것은 아니고, 당시 여러 분야에서 벌어지고 있는 일반적 경제 현상이었다. 그렇다고 박약국 고객이 앞에서 말한 경제적 조건 때문에만 박약국과 거래했다고 보지는 않는다. 박약국의 높은 제약술도 작용했을 것이다. 그것은 의약업 종사자들이 박약국에서 의약과 약재를 구매해 갔던 점을 통해 추측 가능하다.

셋째, 당시 사람들은 장례를 소상과 대상으로 나누어 진행하였고, 그때마다 조문을 하고 부의를 보냈다. 부의록이란 상가에 조문한 사람의 이름과 부조품 및 만사를 적어 놓은 장부이다. 박씨가에는 현재 16종의 부의록이 보존되어 있다.

그 가운데 박재빈(1829~1898)의 소상·대상에 대한 부의록이 5종 남아 있다. 박재빈은 박약국의 최고 경영자로서 그의 생존 시에 박약국의 영업활동이 가장 활발하였다. 따라서 그의 상 때에 누가 왔고, 문상객과 의약·약재의 구매·납품 사이에 어떤 연관이 있는가는 박약국의 경영전략 측면에서 중요하다고 생각되어 그의 부의록을 분석해 보았다.

박씨가의 부의록

이 5종의 부의록에는 1898~1900년 3년간 총 685명이 조문한 것으로 기록되어 있다. 그들의 거주지는 강진 전역은 물론이고 멀리 장흥, 해남, 영암, 나주, 보성, 능주, 진도, 장성, 김제 등지에까지 분포한다. 많은 인원이 넓은 지역에서 조문하러 온 것으로 해석되는데, 이는 친인척, 동학 수학자, 산소 묘지기, 사채 채무자, 토지 작인 등이 얽혀 있기 때문에 비롯된 결과일 것이다.

부의한 사람들은 약국 경영과도 크게 연관되어 있다. 이는 『부의

그림 15

▼ 박재빈 초상 때의 『만사집』

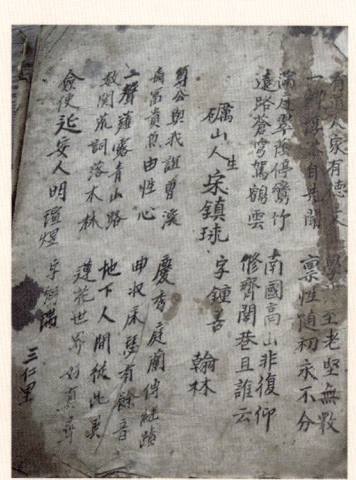

▼ 박재빈 초상 때의 『부의록』

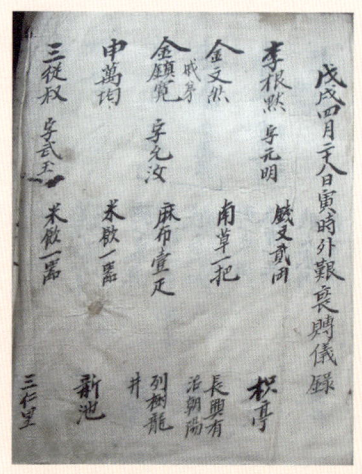

록』과 『제약책』·『무약기』·『각처각국거래책』·『약가봉상책』의 등재자를 비교해 보면 알 수 있다. 비교한 결과 다음의 세 가지가 확인되었다.

첫째, 소비자용 판매 장부인 『제약책』에는 1,372명이 등장하는데, 그 가운데 강씨가 34명이다. 그리고 부의록 등재자 685명 가운데 강씨는 21명이다. 이 가운데 서로 겹치는 사람이 10명이나 된다. 예를 들면, 1897년 6월 7일 병영 지정리 사람 강덕홍이 생청을 사갔다. 1899년 소상 때 강덕홍은 형 강두형과 함께 조문을 했다. 부의를 보내거나 조문을 온 강씨 가운데 10명(50%)이 박약국에서 의약을 구매하거나 박약국에 약재를 판매한 사람이라는 말이다.

둘째, 도매처 거래장부인 『각처각국거래책』에 나오는 의약업 종사자 가운데 병영 주변 사람은 물론이고, 멀리 신지도, 완도, 청산도, 강진 마도, 영암 신기·엄길, 장흥 벽사·부억 등지 사람들이 대거 조문하러 왔는데, 이들 역시 박약국과 직간접적으로 연결된 사람들이다.

셋째, 문정원文貞源은 부의로 청주 1병, 곶감 1접, 은행 4관, 배 15개를 보냈다. 부의액이 다른 사람에 비하면 상당히 많은 편이다. 문정원은 『제약책』이나 『무약기』에 박약국과 잦은 거래를 한 사람으로 기록된 문경삼文敬三이다. 따라서 문정원이 많은 부의를 보낸 것은 박약국과의 오랜 그리고 활발한 영업활동을 해 온 것에 대한 응답이자 앞으로 계속 유지하고자 한다는 메시지였다고 생각된다. 결론적으로 부의록에 기재된 사람은 박약국과 지연과 혈연은 물론이고 경제 측면에서 공동체적 관계를 맺고 있었던 것이다.

 이처럼, 박약국의 고객을 보면, 토지의 고군·작인 및 자본의 채무자가 다수이다. 그래서 토지 소재지와 약국 고객 거주지가 일치하고 있다. 더군다나 약재 매입 청부자에게는 많은 규모의 소작지가 제공되었고, 빈번한 의약 매입자에게는 저리 이자가 적용되거나 상환 기한에서 우대를 받았다. 이들 고군·작인·채무자에게 박약국과의 경제적 공생은 곧 삶의 방편일 수밖에 없었다. 그러므로 그들은 그러한 관계의 유지를 위해 주변의 다른 약국을 다 제쳐놓고 일부러 박약국을 찾아왔다. 그러한 연장선에서 그들은 박약국 최고 경영자 상喪 때 조문을 대거 왔다. 그들이 박약국을 찾은 또 다른 이유로 경제적 위기 때마다 박약국이 펼친 인화 경영도 빼놓을 수 없다. 인화 경영은 소작지의 소작료가 체납되거나 유예되는 사례, 외상이 다년간 미납되거나 멀리 사는 사람의 소액 약값이 탕감되었던 사례를 통해 확인할 수 있다.

 이상의 결론은 무엇을 의미할까? 의약·약재, 사채, 토지, 부의를 매개로 박약국과 '병영 사람들'은 하나의 경제 공동체를 형성하였다. 예를 들면, 병영에서 멀리 떨어진 장흥 장서면 화동 사람인 강순범은 박약국에서 2회 의약·약재를 매입한바 있다. 그리고 자기 마을 앞에 있는 박약국의 논 9두락과 밭 15두락을 차경하였고, 박약국의 돈을 30·70냥씩 5변·4변으로 두 번이나 빌린 적도 있다. 또한 박재빈의 소상·대상에 모두 조문을 왔다. 우리는 이 커넥션을 어떻게 해석해야 할까? 박약국은 병영 지역 내 한 경제 공동체의 주축 역할을 수행하고 있었고, 이런 식의 경제 공동체가 복수로 존재하고 작동하여 이른바 '병영 경제'가 운용되었다고 이해된다. 따라서 '박약국 경제 공동체'가 붕괴되면 '병영 경제' 전체가 휘청거릴 수 있었다.

5

팔려나간 약재·의약은?

약재를 사서 팔고

『제약책』에 네 번째로 등장하는 정보가 소비자가 구매한 약재·의약이다. 장부에 기재된 4년간 총판매 건수는 4,069건이다. 이 건수의 대부분은 의약과 약재의 판매 건수이다.[10] 이 가운데 약재는 1,233건으로 전체 판매 건의 30%를 차지한다. 약재를 얼마에 사서 얼마에 팔았을까가 궁금해진다.

이를 알아보기 위한 사전 지식으로 당시의 화폐 단위부터 알아볼 필요가 있다. 이때 유통된 화폐는 '당當(당백전)'이나 '당오當五(당오전)' 같은 표현이 없는 한 모두 17세기 말기 숙종 때부터 유통된 상평통보이다. 상평통보는 1냥兩=10전錢=100분分으로 이루어졌다. 이를 박약국은 냥兩-전戔·戈-복卜으로 적었다. 참고로 전錢은 돈으로, 분分은 푼으로 읽는다.

약재 판매에 대한 박약국 장부상의 기록은 두 가지 형태로 나타나 있다. 첫째, 약재는 '생재生材' 또는 '초재草材'라고 하여 여러 약재를 묶어서 얼마에 팔았다고 적혀 있는 경우가 있다. 예를 들면, 옴천면 오추동 김자중이 생재 3종을 2.32냥에 사 갔고(1896년 8월 7일), 고군내면 효절리 김학기가 반하 5냥과 목통 3냥을 0.59냥에 사 갔고(1898년 11월 24일), 열수면 군자리의 재인 신봉협은 생재를

그림 16

◀ 『제약책』(1898년 8월 29일) 오자삼

▼ 주문장

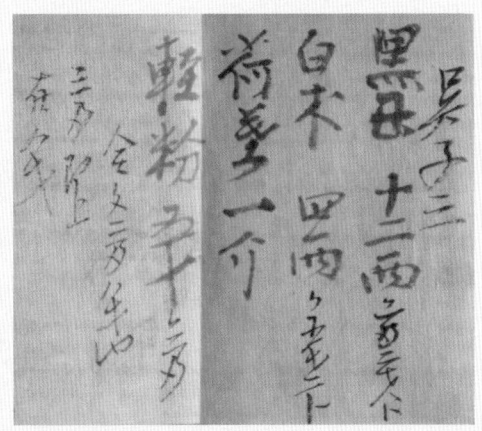

◀ 『제약책』(1899년 8월 23일) 김익현

▼ 주문장

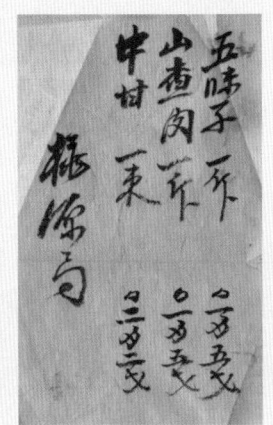

값 4.93냥에 사 갔다고(1899년 1월 8일) 적혀 있다. 이런 사례는 어떤 약재를 각각 얼마에 팔았는지를 알 수 없게 한다.

그런데 이런 경우에도 단서가 남아 있어 종류와 수량 및 단가를 알 수 있는 사례가 있다. 예를 들면, 판매 장부에 1898년 8월 29일 파지대면 관동에 사는 오자삼이 약재를 3.8냥 어치를 사 갔는데, 3냥을 직불하고 0.8냥을 외상하였다고 적혀 있다. 이를 가지고는 무엇을 얼마에 사 갔는지 알 수 없다. 그런데 판매 장부 속에 오자삼이 흑축 12냥을 1.28냥에, 백출 4냥을 0.52냥에, 경분 5돈을 2냥에 사 갔고, 값 3.8냥 가운데 3냥은 '즉상卽上'하고 '재在'가 0.8냥이라고 적혀 있는 메모지가 들어 있다. 그리고 1899년 8월 23일 읍내면 도원리桃源里 김익현이 생재를 5.2냥에 사 갔다. 그런데 판매 장부 속에 도원국桃源局에서 5.2냥을 들여 오미자 1근을 1.5냥에, 산사육 1근을 1.5냥에, 중감 1속을 2.2냥에 사 간 영수증이 들어있다. 김익현은 도원국이란 의료시설의 주인인 것이다. 위의 오자삼과 김익현 두 사례를 통해서, 6종 약재의 단가를 알 수 있다. 즉, 경분 1돈은 0.4냥, 백출 1냥은 0.13냥, 산사육 1근은 1.5냥, 오미자 1근은 1.5냥, 중감 1속은 2.2냥, 흑축 1냥은 0.11냥이었던 것이다.

둘째, 개별 약재를 각각 얼마에 팔았다고 적혀 있는 경우도 있다. 1898년의 경우 당목향 2냥을 0.7냥에 내동 김형오에게 팔았고, 당지각 1근을 2.8냥에 죽산리 윤홍선에게 팔았다. 이런 경우는 개별 약재의 단가를 쉽게 파악할 수 있다.

이처럼, 박약국은 소비자들에게 각종 약재를 일정한 값에 팔았다. 이들 약재를 어디에서, 누구로부터, 얼마에, 어떻게 매입했느냐가 궁금할 수밖에 없다. 의약업이 당시에 비중이 높은 산업이었음을 감안할 때에 그때의 사회·경제적 모습에 대한 이해의 폭을 넓히는 데에 좋은 소재가 되기 때문이다.

박약국은 이들 약재를 자체에서 재배한 것이 아니라, 외부에서 매입하여 조달하였다. 매입 약재의 전체 종류를 알 수는 없지만, 『공주령무약기』에 292종이 기록되어 있는 것으로 보아 그 이상을 훨씬 상회할 것이다. 『동의보감』에 647종의 약재가 등장한 것으로 보아 그렇다. 박약국은 이들을 주변의 마을이나 약국에서, 도내 여러 고을의 약재상에게서, 바다 건너 제주도에서, 서울·평양·함흥 등지에서, 전주·공주·대구 등지의 약령시에서, 그리고 부산·목포 등지의 개항장에서 매입하였다. 이 과정에서 주변의 소상품 생산자는 물론이고, 전국 도처에 널리 산재해 있는 약재 상인이 각종 약재를 납품하였다.

박약국이 사 온 약재의 가격은 무약장부나 장기에 기재되어 있다. 예를 들면, 『무약기』 1893년 6월 18일 자에 나주 백마산 나씨 노인으로부터 창출 18냥을 0.9냥에(1냥에 0.05냥), 갈근 4근을 0.6냥에(1근에 0.15냥), 토복령 5근을 0.9냥(1근에 0.18냥)에 매입한 사실이 기록되어 있다.[11] 그리고 1899년 4월 '부산항釜山港 목촌상점木村商店' 직인이 찍힌 물목표에는 그곳에서 가지고 온 약재와 그 값이 기록되어 있는데, 가자 1근에 0.75냥, 방기 1근에 1.35냥. 적하수오 8냥에 1.6냥(1냥에 0.2냥), 뇌환 3냥에 1.4냥(1냥에 0.47냥), 백간충 5냥에 1냥(1냥에 0.2냥), 전충 3냥에 3.75냥(1냥에 1.25냥) 이었다.

그러면 약재의 판매가와 매입가를 비교해 보면 어떨까? 고객이나 업자에 따라 두 값 모두 균일하지는 않았다. 예를 들면, 당목향의 경우 1냥에 판매가가 0.3-0.35냥, 매입가가 0.15-0.25냥 하였다. 그렇다고 하더라도 판매가가 매입가보다 더 높았다. 그 대상은 식물류·광물류·동물류, 국내산·수입산, 인근산·원지산을 가리지 않았다. 그 가운데 주변에서 매입한 것은 가격 차가 그리 크지 않았다. 그렇지만 남원에서 오미자 1근을 0.6냥에 사 와서 앞에서 말한 김익현에게 1.5냥에 팔아 2.5배의 마진을 보았듯이, 멀리서 반입된 것은 사정이 달랐다. 특히 수입 약재인 당지각은 0.8-0.9냥에 사들여 2.8냥에 팔았으니 가격차가 3.5배 이상에 이를 정도로 상당히 크다. 이는 서울이나 경상도 동래 및 전주·공주·대구 약령시 등 멀리서 반입하여 운송비가 많이 드는 것이어서 나타난 결과이다. 대략 약재의 판매가는 매입가보다 2-3배 높은 편이었다. 외형상의 이 정도이지만, 실제는 그만 못하다는 것이 한약방 경영자의 경험담이다. 왜냐하면 생재를 사서 약재로 쓰기 위해 손질하고 말리고 나면 상당량이 버려지고 줄어들기 때문이다.

<표 4> 약재의 매입가와 판매가

약재	단위	매입가(냥)	판매가(냥)	마진(배)	비고
당지각	근	0.8-0.9	2.8	3.5	수입산
오미자	근	0.6	1.5	2.5	인근산

의약의 값은 전문가의 지식이 추가되어 약재의 값보다 더 한 차이를 낼 수밖에 없었다. 1906년 잡지에 약방은 가게 가운데 가장 성황을 이루고 있다는 기사가 게재되었고, 1914년 신문에 매약의 이익이 원가의 5배 또는 몇 배에 달한다는 기사가 보도된바 있다. 그 결과 박약국은 약재와 의약을 팔아 재력을 축적하였고, 그 재력으로 토지를 매입하고 사채를 운영하여 자산을 늘려나갔다.

의약: 조제한 탕약

박약국은 국내산이나 수입산의 초재, 각재, 석재 등의 약재를 다량으로 매입하여 생재 상태로 일반 소비자나 중간 도매상에게 팔았다. 그리고 약재를 의약으로 조제하거나 제조하여서도 판매하였다. 의약 판매 건수는 2,836건으로 전체 판매 건수 4,069건의 70%를 차지한다. 이를 정리한 것이 아래의 표이다.

<표 5> 총판매의 건수·금액

	건수	금액
의약	2,836건(70%)	3,896냥(55%)
약재	1,233건(30%)	3,233냥(45%)
계	4,069건(100%)	7,129냥(100%)

전체의 판매 총액은 모두 7,129냥이다. 이 가운데 의약의 판매액이 전체의 55%인 3,896냥이고, 약재의 판매액은 전체의 45%인 3,233냥이다. 이를 통해 박약국의 당시 주 수입원은 의약 판매에 있었음을 알 수 있고, 민간에서의 자체 약재 수요가 적지 않았음도 알 수 있다. 그러면 총판매액 가운데 순이익은 얼마나 되었을까? 원가 대비 판매 이익률을 만약 20%로 잡는다면, 4년 순수입은 1,426냥

이고, 1년 순수입은 356냥 정도 되는 것으로 계산된다. 여기에 『제약책』에 제외되어 있고 『각처각국거래책』에 수록되어 있는 각지의 의국·약국에 판매한 것까지 합치면 박약국의 매출액과 순수입은 이를 훨씬 상회한다.

그림 17

약방문 묶음의 첫 페이지

옥안고玉顏膏, 치임질방治淋疾方, 해독분解毒粉, 고약膏藥, 청운산靑雲散 등 4종 의약의 성분·함량·약효·용법이 기록되어 있다. 이 가운데 고약만 『제약책』에 보이고 나머지는 없다.

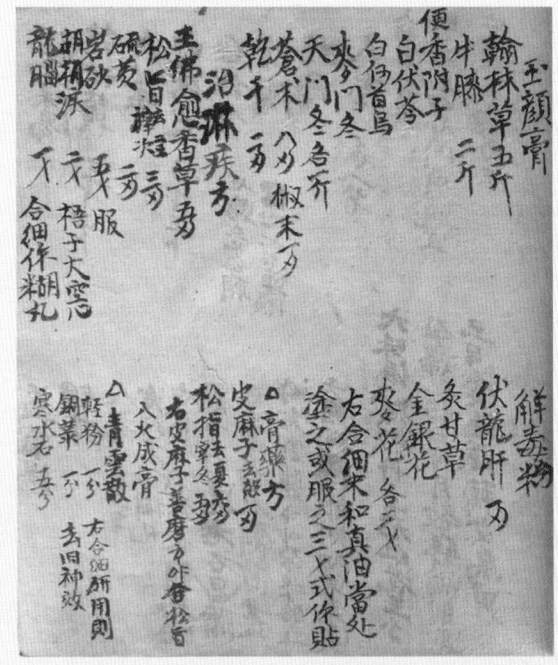

이 판매 건수를 분석하여 판매된 의약의 종류를 알아보겠다. 매약이란 불특정 다수에게 약을 제조·판매하여 이익을 도모하는 것으로, 그것을 통해 당시 사람들의 의약 소비 실태나 질병의 노출 정도를 알아볼 수 있다. 이는 비록 특정한 지역·시기에 한정되어 있고 기초 정보량이 많지 않은 한계는 있지만, 한국인에게 취약한 질병과 당시 사람들의 건강관에 대한 경향을 파악하는 데에 하나의 유의미한 단서를 제공할 것이다.

첫째, 당시 의료인이 활용 가능한 의약은 몇 종이나 되었을까? 명나라 이천이 편찬한 『의학입문』에는 2,393건의 처방이, 허준이 편찬한 『동의보감』에는 4,603건의 처방이 수록되어 있다. 이들 두 의서 외에 여러 의서를 박약국도 소장하였기 때문에,[12] 박약국에서 취급 가능한 의약도 이 수치에 버금갔을 것이다.

둘째, 박약국은 몇 종의 의약을 팔았을까? 판매된 약의 종류는 391종이 기본이다. 여기에 가미加味와 '가감加減'을 한 의약의 종류는 600여 종 이상이다. 예를 들면, 사물탕四物湯이 '사물탕' 외에 '가미사물탕', '교애사물탕', '시호사물탕', '지백사물탕' 등으로 판매되었다. 대부분 유실되고 일부만 남아 있는 처방전 묶음에 130여 종의 처방이 기록되어 있는데, 그 가운데는 『제약책』에 등장하지 않는 의약이 절반 가까이 된다. 그것까지 합산하면 박약국에서 취급한 의약이 최소한 7·800여 종에 이른 셈이다. 이렇게 약종이 많았다는 것은 당시 사회의 의약 제조술이 높았고 민간 의약 수요가 높았음을 반영한다.

셋째, 판매한 의약들은 박약국에서 전적으로 제조한 것일까? 부산의 목촌국에서 매입한 것 가운데 의약으로 금계랍金鷄蠟과 뇌복통약腦腹痛藥(이는 보단賣丹이란 이름으로 팔렸다)이 들어 있다. 이 외에는 외부에서 반입된 의약은 발견되지 않는다. 당시 한국사회에서 시판용 약을 취급하는 시스템도 분명하게 확인되지 않는다. 따라서 판매된 의약의 대부분을 박약국 자체에서 제조하였다고 보여진다. 이렇게 보면 당시 박약국에서 제조한 의약 종류가 매우 많았고 그것에 대한 박약국의 제약 수준이 높았음을 알 수 있는데, 그것은 후손가에서 지금까지 각종의 의서와 여러 권의 약방문 묶음을 소장하였던 사실을 통해 확인 가능하다.

넷째, 본방 391종은 어떤 유형의 의약일까? 그것을 분류해 보면, 탕약이 201종(51%)으로 가장 많다. 그 다음으로 산약 113종(29%), 환약 38종(10%), 음약 20종(5%), 단약 9종(2%) 순이다. 기타 10종도 있다. 이 가운데 끓여 먹는 탕약·음약·전약은 첩약제로서 박약국은 조제만 하면 되고 구매자가 집에 가져가서 끓여 복용한다. 하지만 가루약인 산약, 알약인 환약, 큰 알약인 단약 등은 박약국에서 직접 제조해야 하는 의약이다. 그러므로 이런 의약을 제조하는 시설이나 도구 및 인력이 박약국 안에 구비되어 있었을 것이다. 예를 들면 구매자들로부터 의약을 '작말作末', 즉 약재를 분말로 만들어 달라는 주문을 받았기 때문에 그런 시설이 있었을 것이라는 말이다.

이처럼, 박약국에서 가장 많이 팔린 의약의 유형은 자국에서 조제한 탕약이었다. 그렇다면 당시의 각 가정마다 탕약 기기가 비치되어 있었을 것이고, 탕법湯法도 문학서나 의서에 의해 널리 보급되어 있었을 것 같다. 하지만 탕약에 대한 높은 수요는 매약의 대중화에 걸림돌이 되었을 것이다. 탕약에 비해 산약·환약·단약은 소비자가 복용과 휴대를 보다 더 용이하게 할 수 있기 때문이다.

많이 팔린 의약

이제 우리의 관심을 돌려 어떤 의약이 많이 팔려나갔는가를 알아보자. 이는 당시 사람들의 의약 소비 실태나 질병의 노출 정도를 알 수 있게 해준다는 점에서 의미 있다. 한국인에게 취약한 질병과 당시 사람들의 건강관에 대한 경향을 파악하는 데에 하나의 유의미한 단서를 제공할 것이고 오늘날과의 비교도 가능하게 할 것이라는 말이다.

그런데 이 점에 대해서는 기존의 한의학사 연구에서 별다른 관심을 두지 않았다. 다만 경상도 성주에서 유배 생활 중에 의원 노릇을 하던 이문건李文楗(1494~1567)을 찾은 환자의 456건 병증을 34개로 구분하여 통증(55건), 열병(34건), 학질(24건), 이질(22건), 부기(22건), 심질(17건), 풍병(17건), 한병(17건) 순으로 통계 처리한 연구가 참고 될 따름이다. 그리고 1914~1935년 서울 보춘의원을 찾은 환자 59,334명의 30대 질환에 대한 통계도 참고 되는데, 여기에서는 감기가 압도적으로 많으며 그 다음을 설사, 복통, 해수, 장벽이 차지한다고 하였다.[13]

〈표 6〉 박약국의 의약별 판매 횟수

순위	의약명	횟수	주 효능
①	패독산敗毒散	208회回	感冒
①	사물탕四物湯	208회回	補血
③	쌍화탕雙和湯	119회回	補養
④	금계랍金鷄蠟	68회回	瘧疾
⑤	화해산和解散	52회回	感冒
⑤	대보탕大補湯	52회回	補養
⑦	궁귀탕芎歸湯	51회回	婦人病
⑧	통성산通聖散	48회回	風熱
⑨	익원산益元散	43회回	痢疾
⑩	안태음安胎飲	37회回	婦人病

박약국에서 많이 팔린 의약을 1위부터 10위까지 정리해 보았다. 그것을 보면, 의약 가운데 가장 많이 팔린 의약으로는 ①패독산(208회)이 있다. 패독산은 본방 외에 여러 부방이 만들어져 있으며, 감기 등에 널리 활용할 수 있는 처방이다. ⑤화해산(52회)도 감기 치료 약이다. 감기의 한방 치료 약으로 이 외에 사백산, 삼소음, 쌍화탕, 시령탕 등도 효과가 있다고 하고, 그러한 의약도 박약국에서 적지 않게 팔았다. 따라서 패독산이나 화해산 등이 필요한 감기가 당시 병영 사람들을 괴롭히는 질병이었고, 당시 병영 사람들의 건강관리에서 감기 치료가 중요한 일이었음을 알 수 있다.

패독산과 함께 가장 많이 팔린 의약으로 ①사물탕(208회)이 있다. 사물탕은 『동의보감』 내에서 가장 광범위하게 쓰인 처방으로 부인병이나 중풍 치료 및 보양제로 활용되었다. 또한 사물탕은 혈관내 피세포의 손상으로 유발되는 심혈관이나 뇌혈관 질환 등의 예방 및 치료에도 활용된다. 따라서 사물탕에 대한 높은 판매 횟수는 그 약이 필요로 한 부인병이나 순환기 질환에 병영 사람들이 가장 많이 노출되어 있었음을 알려준다. 이 가운데 순환기 환자가 어느 정도 되었는지는 알 수 없지만, 꽤 많았을 것으로 추정된다.

그 다음으로 많이 팔린 의약이 ③쌍화탕(119회)이다. 쌍화탕은 피로회복이나 보양강장을 위한 약이었다. 이와 효능이 비슷한 ⑤대보탕(52회)이나 보원탕(14회) 및 보익탕(14회) 등이 많이 팔리었던 점도 주목된다. 1첩에 0.73냥을 넘는 고가의 대보탕이 많이 팔리었고, 그것도 한꺼번에 10-20첩 또는 30-40첩을 구매한 사람이 있다는 점은 눈여겨볼 만한 사실이다. 아무튼 앞서 언급한 사물탕까지 감안하면 보양약이 병영 사람들에게 널리 팔려나갔음을 알 수 있다.

그 다음으로 ④금계랍金鷄蠟(68회)이 많이 팔리었다. 서양에서 말라리아 치료 약으로 퀴닌(키니네)이 개발되어 개항 이후 1880년 무렵부터 한국에 금계랍이라는 이름으로 들어온 후 1890년대에 이르면 대표적인 수입품이 되었다. 박약국은 판매 장부에, 상당수 언론사는 신문 광고에 어려운 '랍蠟(밀랍 랍)'자 대신 '납納(받을 납)'자를 써서 '금계납金鷄納'이라고 썼다. 금계랍은 학질 치료 약으로 이용되었다. 금계랍 외에 ⑧통성산(48회)과 함께 ⑨익원산(43회) 및 강활탕(18회)이 적지 않게 팔렸으니, 이는 당시 이질이나 유행성 감기 등의 전염병이 나돌았음을 알려준다. 이렇게 보면, 당시 병영 사람들을 괴롭혔던 질병 가운데 학질 등의 전염병이 있었음이 분명해진다.

　이 외에 ⑦궁귀탕(51회)이나 ⑩안태음(37회) 등도 적지 않게 팔리었는데, 이는 앞서 소개한 사물탕과 함께 부인병 치료 약이다.

　이상을 통해 당시 병영 사람들은 갖가지 질병에 노출되어 그들과 싸우고 있었을 것이지만, 그 가운데 감기·순환기병·학질·부인병 치료에 가장 많은 의료비를 투입하였고, 보양약에 대한 선호도가 매우 높았음도 알 수 있다. 이러한 병영 사람들의 질병 실태와 건강관은 기존의 조사나 연구에서는 보기 힘든 분석 결과라는 점에서 박약국 사례연구는 흥미롭게 다가온다. 다시 말하면 박약국 사례를 통해 드러난 병영 사람들의 질병 실태가 당시 한국 사람들의 일반적 추세이고, 그러한 추세가 현재까지 이어지고 있다고 판단된다는 점이다.

　오늘날 한국인의 사망률 1위는 암이고 그 다음의 2위와 3위를 심장질환과 뇌혈관질환이 각각 차지하고 있으니, 100년 전 사람들이 암을 주목하지 못하였던 점과 그간의 의학 발전이나 건강 증진을 감안하면 그때 사람들을 괴롭혔던 질병과 오늘날 사람들을 괴롭히는 질병이 대략 일치하고 있음을 알 수 있다. 문제는 19세기 말~20세기 초 열강의 조사자들은 병 이름만 열거할 뿐 무슨 병이 한국인에게 가장 취약한지에 대해서는 관심 밖이었다. 그리고 당시 한국에 들어와서 활동한 미국인 알렌이나 일본인 고이케 같은 의사는 한국인의 내과 질병 중 소화불량을 최고로 쳤고 그 요인을 저열한 문화 수준 탓으로 돌렸을 뿐이다. 당시 사람들이 증상 가운데 어떤 증상을 자가 치료를 하고, 어떤 증상을 치료하기 위해 의사를 찾아갔고, 의사는 어떤 증상을 소화불량으로 진단하였는지에 대해서는 전혀 알 수 없다. 따라서 우리를 가장 괴롭힌 질병이 무엇이었는지에 대한 통계는 면밀히 검토할 필요가 있고, 그런 점에서 본 연구는 새로운 결론과 함께 또 다른 방법론을 제시한 것이라고 판단한다.

수량: 1-2첩을

『제약책』에 다섯 번째로 등장하는 정보가 수량이다. 박약국의 1,372명 고객은 1인당 연평균 0.74회 박약국을 이용하였다. 그 가운데 4년간 고작 1-2회 방문한 고객이 적지 않았고, 1년에 1-2회 와서 1-2종의 약재·의약을 매입해 간 고객도 많았다. 서민 대중에게 약국은 먼 곳이었다.

그런가 하면 매년 10회 내외 박약국을 찾아와서 각종 의약·약재를 매입해 가고, 어떤 때는 1회에 3-4종을 매입해 간 고객도 적지 않았다. 그리고 1년 총 매입가가 100냥 가까이 되는 고객도 있었으니, 이 시기 박약국의 1년 머슴 인건비가 30냥이었던 점을 감안하면 그들의 구매력이 매우 높은 수준이었음을 알 수 있다. 당시 민간의 의약 소비 실태를 정확하게 알 수는 없지만, 연간 10회 내외 구매자는 박약국의 주요 '단골'이었음에 분명하다.

박약국 고객의 의약 구매량을 보면, 환약이나 단약의 경우 많으면 10개 또는 그 이상이지만 대부분은 1-3개를 사 갔다. 그리고 탕약이나 산약·음약의 경우 10첩, 15첩, 20첩 등 다량을 사 간 사람이 있지만 대부분은 1-2첩 등 소량을 구매하는 정도에 그쳤다. 그러면 이 1-2첩은 무엇을 의미할까?

김윤식이 남긴 일기 『속음청사』를 보면, 의약을 복용한 기사가 빈번하게 나오는데 대부분 한 번에 1-2첩을 복용하였다. 예를 들면, 충청도 면천군에 유배가 있던 1887년 9월 10일에 독감인 듯 한기가 있어 형방패독산 2첩을 복용하였고, 11일과 12일에 연이어 패독산 2첩을 각각 복용하였다. 그런가 하면 1891년 6월 28일에는 시진탕 2첩 가운데 1첩을 밤에 복용하였고, 30일에는 한기가 있어 가미쌍화탕 3첩 가운데 1첩을 밤에 복용하였고 나머지를 7월 1일 아침과 저녁으로 각각 1첩씩 나누어 복용하였다.

　결국 1-2첩은 보통 1일 또는 1회 복용분이었다. 1첩이라면 한 번 달여 먹고 뒤이어 재탕하고, 2첩이라면 아침에 1첩을 달여 먹고 점심에 또 1첩을 달여 먹은 후 저녁에 아침과 점심 것을 합쳐 재탕하여 먹었을 것 같다. 따라서 박약국 고객의 구매 패턴을 통해 당시 병영 지역의 의약 소비자가 소수의 부유층은 물론이고, 실수요자 중심의 대다수 일반 서민층으로 구성되어 있었음을 다시 한번 확인할 수 있다.

단가: 첩당 0.2-0.3냥에

『제약책』에 여섯 번째로 등장하는 정보가 가격이다. 이제 약값 이야기로 들어가 보겠다. 박약국 고객의 의약값이 단일하게 형성되어 있는 것이 있기도 하지만, 그렇지 않은 것도 적지 않았다. 심지어 가미보원탕의 경우 6개의 가격이 0.23-1.33냥 사이에, 가미평위산의 경우 7개의 가격이 0.11-0.26냥 사이에 각각 존재하였다. 이는 고객 신용이나 조제 성분에 따른 결과이겠지만, 소비자 분쟁을 야기할 소지를 안고 있었다.

그리고 1첩 가격과 2첩 가격이 차이가 나는 경우도 있었다. 향갈탕 1첩을 0.16냥에 팔았다. 그런데 어떤 고객에게는 2첩을 0.02냥 저렴한 0.3냥에 팔았다. 다량 구매를 유도하기 위한 판촉 전략 또는 다량 구매 고객 우대책이었던 것 같다.

그렇다면 박약국 고객은 어느 가격대 의약을 가장 선호하였을까? 첩당 0.1냥 이하는 극소수였고, 대부분은 1첩에 0.2-0.3냥이었다. 1첩에 0.6냥을 넘는 대보탕, 보원탕, 육미탕 등의 고가 의약도 있었다. 첩당 2냥이 넘는 초고가 의약이 없었던 것은 아니다.

이 가운데 첩당 0.2-0.3냥 하는 중저가 의약을 매입하는 사람이 다수였다. 대중적인 의약값의 수준이 이 선에서 형성되었고, 이 값이 대다수 서민 대중이 손쉽게 접근할 수 있는 일반적 가격대였던 것 같다. 임노동자의 일당이 0.5냥을 넘지 않았고[14] 닭이나 꿩의 1마리 값이 0.2-3냥이었다. 당시의 물가지수를 감안하면, 대중적 첩약 값이 높은 수준이라고 말하지 않을 수 없고, 그로 인해 중저가 의약 구매자가 많을 수밖에 없었다.

결국 연당 1-2회 방문하여, 회당 1-2종 구매하고, 첩당 0.2-0.3냥 의약을 구매하는 고객이 다수였는데, 그들은 위급한 질병에 노출되지 않았거나, 노출되어 있더라도 의약 복용을 지속하기가 어렵거나 최대한 자제하고 아니면 다른 곳 의약을 복용하다 박약국을 들리었을 것이다.

다음으로 월별 판매 현황을 알아보겠다. 전체 4,069건을 월별로 분석해 보면, 아래의 표와 같다.

〈표 7〉 월별의 판매 건수

춘		하		추		동	
1월	248건(6%)	4월	350건(9%)	7월	366건(9%)	10월	233건(6%)
2월	367건(9%)	5월	250건(6%)	8월	389건(10%)	11월	274건(7%)
3월	537건(13%)	6월	359건(9%)	9월	323건(8%)	12월	373건(9%)
계	1,152건(28%)	계	959건(24%)	계	1,078건(26%)	계	880건(22%)

월의 경우 3월이 537건으로 13%를 차지하여 가장 높은 빈도수를 보였고, 그 다음으로 8월이 389건으로 10%를 차지하였다. 2월, 4월, 6월, 7월, 12월도 높은 편이다. 반대로 1월(248건, 6%), 5월(250건, 6%), 10월(233건, 6%)은 가장 낮은 빈도수를 보였다.

계절의 경우 춘계에 1,152건으로 28%를 차지하여 가장 높은 빈도수를 보였다. 반대로 동계에 880건에 22%를 차지하여 가장 낮은 빈도수를 보였다. 이러한 계절별 경향은 의약 판매에서도 거의 동일하게 나타나는데, 춘계에 30%, 동계에 20%였다.

이상을 통해 성묘를 가고 당산제를 거행하는 1월, 모내기를 하는 5월, 수확을 하는 10월에 가장 적은 고객이 박약국을 방문하였음을 알 수 있다. 그런가 하면 2~4월에 가장 많은 고객이 의약이나 약재를 구매하러 박약국을 방문하였음도 알 수 있다. 그렇다면 이 시기의 의약에 대한 높은 수요 현상을 어떻게 해석해야 할까? 이 높은 수치가 이 시기에 질병 발생률이 가장 높았느냐를 반영한 것인지에 대해서는 확언할 수 없지만, 100년 전 한국인의 사망률이 가장 높은 월이 2~4월(양력)이었다는 연구 성과를 감안하면, 2~4월의 높은 질병 발생률 때문에 박약국의 의약 판매도 그때 늘었다고 해석되어 진다.

6

외상과 보증인

결재: 즉상은 적고 외상은 많다

『제약책』에 마지막 일곱 번째로 등장하는 정보가 결제에 대한 것이다. 예를 들면, "초삼일初三日 낙산樂山 박연출이朴連出伊 부자초약 각재付子草藥各裁 삼봉三封 △ 오전일복五戈一卜 내內 사전즉상四戈卽上 재일전일복십일상在一戈一卜十日上"의 밑줄에 해당된다. 0.51냥 가운데 0.4냥은 '즉상'하고, '재'가 0.11냥인데 10일 '상'하였다는 말이다.

『제약책』에 나타난 박약국의 결제에 대한 표현은 크게 즉상, 외상, 상계, 환래, 예급, 탕감 등 여섯 가지가 있었다. 이 점을 하나씩 소개해 보겠다.

첫째, 즉상卽上이란 구매 즉시 결제한다는 말이다. 이는 대부분 '즉상卽上'으로 기재되어 있고, '즉래卽來'도 있었다. '상上'이란 받는다는 뜻이니, '즉상'은 박약국 입장에서는 즉일 받았다는 말이다. 즉상은 현금으로 계산하거나 약재·물건·품삯·세금·계전으로 대납하기도 했고, 당일 전액을 계산하거나 일부만을 계산하기도 했다. 전체 4,069건 가운데 당일 전액 즉상은 고작 165건으로 전체의 4%에 불과하였다. 일부만을 즉상하고 나머지를 외상하는 경우는 1,690건으로 전체의 42%였다. 전체 건수에서 즉상 비율이 그리 높지 않고, 그에 따라 총판매액에서 즉상이 차지하는 금액은 매우 낮았음을 알 수 있다.

둘째, 외상外上이란 구매 뒤에 결제한다는 말이다. 이는 대부분 상환 날짜와 함께 '상上'으로 장부에 기재되어 있고, '래來'란 기재도 있었다. 외상은 당일 전액을 외상하거나 일부를 외상했다. 당일 전액 외상 건수는 전체의 54%인 2,214건이었다. 또한 당일 외상 금액은 전체의 63%인 4,463냥이나 되었다. 이를 통해 절반 이상의 고객이 의약을 사러 오면서 빈손으로 왔고, 그로 인해 외상이 당일 판매액의 절반을 크게 상회했음을 알 수 있다. 뒤에서 상술하겠다.

셋째, 상계相計란 약값을 다른 물건으로 계산한다는 것이다. 박약국은 필요한 약재를 여러 계층으로부터 매입했다. 약재를 매입한 사람들에게 다시 각종 의약·약재를 판매했다. 그런 사람들에 대한 판매 값은 매입 약재값으로 대신 계산했는데, 그럴 경우 온 것으로 제한다는 의미로 '계래조計來條', '래조제來條除', '래조상계來條相計' 등으로 기재되었다. 이는 구체적으로 '당귀가제當歸價除'(당귀 값으로 제한다), '고련근가계상苦楝根價計上'(고련근 값으로 계산하여 올린다), '천궁가상川芎價上'(천궁 값으로 올린다), '방풍가상계防風價相計'(방풍 값으로 서로 계산한다) 등으로도 기재되었다. 또한 박약국의 가정생활에서 필요한 생필품(진임眞荏, 망건, 담뱃대, 초갑草匣, 저포, 필筆) 값으로도 약값은 계산되었다. 그리고 박약국은 적지 않은 농지를 보유하고 있었는데, 그 가운데 작인에게 임대하지 않고 사람을 사서 직영한 농지의 품삯을 약값으로 상계했다. 이때 표현은 박씨가 소장 『고군일기』에 '고가계상雇價計上', '고가제雇價除', '타조가제打租價除', '마맥고가제麻麥雇價除', '적앙가중계상積秧價中計上' 등으로 기재되었다. 이 외에 '이세조계상以稅條計上'이라고 하여 박약국이 낼 세금을 약값으로 계산하거나, '계조계契條計'라고 하여 박약국에서 계원에게 낼 계전契錢이나 계조契租를 약값으로 계산하기도 했다. 박약국 사람은 지인들과 여러 계를 조직했다.

넷째, 환래還來는 나중에 반품받은 것인데, '반송返送'으로도 기록되어 있다. 빈도수는 극소수였다.

다섯째, 예급預給이란 소비자가 박약국에 선불을 지급한 것이다. 『제약책』에는 '선상先上'이란 표현이 보인다. 『약가초기』를 보면 고군내면 신지리 신명중申鳴仲이 '일냥육전오복一兩六戈五卜 구기자가 拘杞子價 예급豫給'이라고 하여, 구기자 값을 미리 박약국에 주고서 나중에 물건을 가져갔다. 『각처전곡거래일기』를 보아도, "용정龍井 최영기崔永奇 제약차製藥次 유치문오냥留置文五兩 이십삼일二十三日 제급製給"(1901년 3월 18일), 즉 최영기가 제약을 위해 5냥을 유치해 두었다가 5일 뒤에 약을 받아 갔다.

여섯째, 탕감蕩減이란 외상을 면제해 준다는 것이다. 이는 '감급減給'이나 '감減'으로도 기재되었다. 『약가봉상책』을 보면, 비금도 신경서申敬瑞의 1893년 외상 7냥 4전을 탕감한다고 기재되어 있다. 『각처각국거래책』을 보면, 진도 한사동 정인여鄭仁汝가 1895년 12월에 생재를 79.18냥 어치 사면서 78냥을 즉상하자 박약국은 1.18냥을 감급하였고, 1897년 4월에 생재를 45.91냥 어치 사면서 45냥을 즉상하자 박약국은 0.91냥을 탕감하였다. 멀리 있는 데다가 거액을 결제하고 남은 소액 외상을 면제해 준 것이다.

<표 8> 4년간 결제 건수

구분	건수	판매액	기타
즉상	165건 (4%)	2,666냥 (37%)	현금, 약재, 물건, 품삯, 세금, 계전
즉상 + 외상	1,690건 (42%)		현금, 약재, 물건, 품삯, 세금, 계전
외상	2,214건 (54%)	4,463냥 (63%)	
계	4,069건(100%)	7,129냥 (100%)	

이상을 보면, 박약국의 거래에서 외상이 매우 많았다. 병영 사람의 일기를 보면 1857년 1월 중에 5회의 외상 거래가 확인된다. 외상 거래가 당시 병영 지역사회의 주요한 거래 관행이었음을 알 수 있는데, 이는 조선 전체의 공통적 현상이었을 것이다.

박약국 외상 거래의 특징을 보자면, ①전체 건수 가운데 전액·잔액을 포함하여 외상이 매우 높은 점유율을 차지하였음에 분명하다.

특히 당해 연도에 한 푼도 갚지 않고 해를 넘긴 건수가 54%에 이르렀다. ②적은 금액이라도 외상을 남기고 간 경우가 적지 않았다. 예를 들면 0.5냥 어치를 사 가면서 0.45냥을 계산하고 0.05냥을 외상하거나, 0.54냥 어치를 사 가면서 0.5냥을 계산하고 0.04냥을 외상했다. 마치 일부러 그런 것 같다는 인상을 지울 수 없다. ③한 번 산 약값을 두세 번 나누어 내고 그것도 당해 연도에 완결되지 않은 적도 많았다. 가령, 1899년 2월 4일에 고군내면 동열리 남숙신南淑信[자 숙신, 명 덕추德樞]이 팔미탕 20첩을 8.8냥에 샀다. 이를 당일 3냥을 계산하고, 5.8냥을 외상하였다. 이 5.8냥 외상을 4월 1일에 1냥을 갑匣 1개 값으로 갚고, 9월 9일에 1냥을 피초갑皮草匣 1개 값으로 갚고, 9월 15일에 3냥을 현금으로 갚고, 10월 10일에 8전을 초갑草匣 1개 값으로 갚아 외상을 완전히 상환했다. 물품으로 대납한 사람은 양호한 편이고, 그렇지 못한 사람들은 지루하게 오래 갔다. 이러한 나머지 박약국 입장에서는 외상의 정리와 수금이 약국 운명을 가늠하는 중차대한 문제일 수밖에 없었다. 그래서 박약국에서는 외상 상환을 독촉하거나 직접 외상 수금에 나서야만 했다.

　의약의 외상 거래는 당시 강진의 박약국뿐만 아니라 조선 전역의 약국에서 광범위하게 이루어지는 관행이었다. 그 관행은 한참 뒤 20세기 중반까지 이어져 한약방마다 「익수록益壽錄」이란 외상 장부가 있었다. 대갓집에서는 이 장부 한 권으로 1년 내내 무료 진찰을 하다 섣달그믐날 한꺼번에 약값을 청산하였다. 그리고 그 약값을 받기 위해서 의원은 편강·초초·귤병·계피말 등을 단골손님에게 보냈고, 단골손님은 그 예물을 받은 후 행랑사람 시켜서 약값을 보냈다. 이때 의원은 심부름 온 행랑사람에게 술잔값을 후하게 주는 것이 통례였다.[15]

당시 상거래에서 외상은 피할 수 없는 것이어서 박약국 또한 많은 외상을 두지 않을 수 없었다. 그러므로 박약국은 외상 리스크를 사전에 방지하는 방안을 강구하지 않으면 아니 되었다. 이어서 살펴보자.

고신용자의 보증

고객을 넓은 지역과 다양한 계층에 두었기 때문에, 저신용자 고객이 많을 수밖에 없었다. 이런 상황에서 그들에 대한 정보 파악이 급선무였다. 뒷날 외상 추적을 위해 신용도가 낮은 고객의 인적 사항을 자세하게 파악해 두었던 것이다.

사채 대부에서 흔히 사용하듯이, 외상 리스크를 차단하기 위해 박약국이 가장 적극적으로 활용한 방안은 저신용자에 대한 고신용자의 보증 요구였다. 이와 관련하여 가장 손쉽게 활용하는 방안이 고신용자가 박약국에 직접 편지를 보내어 저신용자의 외상을 부탁하는 것이었다.

어찌 되든 저신용자는 외상을 하려면 누군가의 보증이 있어야 했다. 보증이란 단순히 이름만 빌려주는 것이 아니라 책임이 뒤따르는 것이다. 그러면 누가 보증을 섰을까? 여기에는 몇 가지 유형이 있다.

첫째, 한 마을에 사는 고신용자가 보증을 섰다. 1899년 6월 5일에 강진 호계면 영덕리 이태서李太瑞가 가미대보탕 10첩을 7냥에 사면서 6냥을 계산하고 1냥을 외상했는데, 그는 이 거래가 첫 거래였다. 이를 '보이문백保李文白'이라고 하여 이문백李文白[자 문백, 명 오영鰲榮]이 보증을 섰는데, 그는 이태서와 같은 마을 사람이면서 이전에 거래한 경력이 있는 사람이다. 따라서 신용이 있는 이문백이 신용이 없는 한동네 사람 이태서의 보증을 서준 것이다.

둘째, 옆 마을에 사는 고신용자가 보증을 섰다. 1899년 10월 23일에 강진 파지대면 청승리 사람 임인성任仁聖이 박약국에 와서 가미보음탕 20첩을 4.2냥에 외상으로 샀다. 첫 거래이면서 고가의 약값을 전액 외상했다. 바로 이 거래를 '오자삼립보吳子三立保', 즉 오자삼이 보증을 서주었다. 오자삼은 청승리 바로 옆 관동 사람으로 이 이전부터 박약국과 많은 거래를 해온 약종상이었다. 임인성은 이런 오자삼의 보증을 토대로 고가의 약을 외상으로 구매할 수 있었던 것이다.

셋째, 박약국 사람들이 보증을 서기도 했다. 1899년 1월 28일에 장흥 부산면 사두 사람 유사일劉士日이 와서 환약 약재를 1.75냥 어치를 샀다. 이때 박승현朴承顯[자 승현, 명 두현斗鉉]이 1냥을 계산해주며 보증을 서 주었고, 유사일은 박승현 덕택에 0.75냥을 외상하고서 약재를 가지고 갔다. 박세길朴世吉[자 세길, 명 문현文鉉]도 '타인조'라고 하여 남의 보증을 선바 있다.

넷째, 박약국과 잦은 거래를 한 사람들이 보증을 선 경우도 있다. 보암면 송학리 김명칠金明七이 박약국에서 딱 한 번 1898년 12월 10일 생재를 11.66냥 어치 사 가면서 0.66냥을 외상했다. 이때 고읍면 거목리 강갑서姜甲瑞가 보증을 섰다. 강갑서는 거목리 강약국姜藥局

관련자로서, 박약국 단골이다. 그래서 그가 보증을 선 것이다.

다섯째, 박약국이 있는 병영 사람이 병영에서 멀리 떨어진 지역 사람에 대한 보증을 섰는데, 이 사례가 가장 많기 때문에 몇 가지를 소개해 보겠다.

① 『제약책』1896년 1월 24일에 고군내면 낙산에 사는 명국영明國永[본관 연안, 자 국영, 명 인욱仁煜]이 명유향明乳香 3냥을 0.9냥에 사 가면서 0.6냥을 지불하고 0.3냥을 외상했다. 그런데 이는 '평덕박대규조平德朴大圭條', 즉 박약국과 멀리 떨어져 있는 대곡면 평덕리 박대규 것이라고 기록되어 있다. 그런데 동년 3월 3일 박대규朴大圭가 대감大甘 1속을 2.5냥에 사 가면서 2냥을 지불하고 0.5냥을 외상했다. 그런데 이는 '보명국영保明國永', 즉 명국영이 보증한 것이라고 기록되어 있다. 명국영은 박씨가와 같은 낙산리에 살고 박약국과 여러 번 거래한 사람이고, 1898년 박재빈 장례 때 전 5전과 만장 1도를 부의하였다. 명국영 보증 이듬해부터 박대규는 본인 이름으로 직접 약을 외상으로 사 갔다. 박대규는 명국영의 보증으로 거래를 시작하여 박약국과 신용을 쌓은 후 직접 외상 거래했음을 알 수 있다.

② 1896년 3월 9일에 동열리 김일숙金一淑[자 일숙, 명 영호永皥]이 생재를 30.5냥 어치 사 가면서 전액 외상했다. 그런데 이는 '진도인조珍島人條', 즉 진도 사람 것을 김일숙이 본인 이름으로 사 준 것이

다. 김일숙은 앞에서 말한 것처럼, 박약국과 매우 친밀한 사람이다.

③ 동년 10월 29일에 박동리 사람 윤봉숙尹奉淑[본관 파평, 자 봉숙, 명 윤권允權]이 가미사물탕 20첩, 가미금당산 10첩, 금당산 10첩을 지을 수 있는 약재를 6.99냥에 사면서 전액 외상하였다. 윤봉숙은 박동리 사람으로 박약국과 많은 거래를 해오고 박약국 장례 때 흑임죽을 부의한 사람이다. 그런데 이는 '해비곡노중화지거조海比谷魯仲化持去條'라고 하여, 해남 비곡면에 사는 노중화魯仲化 것으로서 본인이 직접 와서 가지고 갔다. 노중화의 구매를 윤봉숙이 가운데 선 것이다. 병영인이 보증 선 사례를 정리하면 다음과 같다.

〈표 9〉 병영인의 보증 사례

일시	구매인		보증인	비고
1896.03.03	강진 대곡면 석교리 朴大圭		고군내면 낙산리 明國永	
03.09	진도인		동열리 金一淑	
03.25	장흥 남면	강서방	삼인리 高富安	
04.16	강진 대곡면 덕천리 金亨汝		삼인리 金文擧	
10.29	해남 비곡면	魯仲化	박동리 尹奉淑	
1897.12.19	진도인		낙산리 金正佑	
1898.03.07	강진 옴천면 정동	馬成哉	낙산리 申正三	
03.25	(해남 비곡면)武夷村人(金德沫鳳哲)		동열리 김일숙	
03.28	강진 대구면 저두리 金敬		삼인리 金萬興	

이처럼, 외상할 때에 저신용자는 고신용자의 보증이 있어야 하였다. 이는 상당히 오랜 전통을 지니고 있고, 당시 상거래에서 일반적 관행이었던 것 같다. 병영 부근 마을에서 살면서 병영 군속으로 매일매일 출근하며 살고 있는 사람의 아들이 1857년에 남긴 일기 『함풍칠년정사일기咸豊七年丁巳日記』를 보면, 자신의 아버지가 병영장에서 혼수품을 사면서 보증인을 세우고 외상한바 있다. 사채도 '입보득용立保得用' 또는 '거간채전居間債錢'이라고 하여 그러했다. 김봉욱이 영광 영월신씨가에 갑오년에 보낸 자문尺文에 "제례복백除禮伏白 향자소약전삼십냥向者所約錢參拾兩 차편물의출급此便勿疑出給 복망복망이伏望伏望耳"라고 하여, 김봉욱이 누군가의 보증을 신씨가에 선 것이다. 이때 채무자가 빚을 갚지 않으면 채권자는 보증인과 거간에게 빚을 내놓으라고 독촉했고, 심지어 족징과 인징을 시도하기도 했다.

이러하듯이 박약국에 있어서도 피보증인이 외상을 체납할 경우 보증인이 책임져야만 했다. 그 예를 몇 개 들어보겠다.

①1898년 4월 25일 장흥 유치면 반월리 장경도張敬道가 생재와 가미도담강기탕을 7.71냥에 샀는데, 5.71냥을 외상했다. 이를 옆 마을 조양리 김문현金文鉉[자 문현, 명 익성益誠]이 가지고 갔다. 장경도는 첫 거래이고, 김문현은 오랜 고객이다. 장경도의 첫 거래가 김문현

의 보증으로 이루어진 것으로 보인다. 그런데 1899년 3월 28일에 김문현이 의약을 사 갔는데, 『제약책』에 이 약값과 함께 '무제책반월장경도조이래문일냥이전일복 戊製冊半月張敬道條移來文一兩二戈一卜'이라고 하여 장경도 것 1.21냥이 합산되어 있었다. 이는 결국 보증을 선 사람이 피보증인 것을 책임졌다는 사실을 말해주고 있다.

② 『제약책』 1898년 3월 28일 자에 대구면 저두리 김경金敬이 삼인리 김만흥金萬興의 보증으로 박약국에서 육미탕 1제를 7.3냥에 외상으로 사 갔다. 김경은 4월 3일에 와서 외상을 갚고 3전을 계속 남겨 놓았다. 『약가봉상책』을 보면, 1898년에 김경이 외상한 3전은 김만흥이 보증한 것이라고 기재되어 있다. 이는 김경이 완납하지 않으면 김만흥에게 책임지우겠다는 표현이다. 이처럼 ①과 ②는 보증인 장부에 피보증인 외상이 기재된 사례이다.

③ 『제약책』 상에 처음 등장하는 보암면 귤동 윤사욱尹仕旭이 1898년 3월 3일에 생재를 54.25냥 어치를 사 가면서 전액 외상했는데, 강사성姜士成[본관 진주, 자 사성, 명 인형仁馨]이 보증했다. 강사성은 장흥 유치면 방촌 사람으로 의약을 사 가고 약재를 판매한 박약국 단골이고, 박재빈 장례 때 일반인보다 많은 돈 1냥을 부의하였다. 강사성은 윤 3월 4일에 윤사옥 외상 전액을 수금해 왔다.

④ 또 다른 사례를 살펴보기 위해 아래 자료를 보자.

그림 18
김일숙 주문장(1898년 4월 25일)

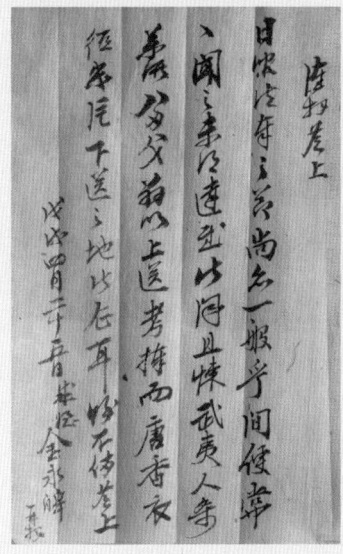

謹拜候上
日間侍奉之節 尙亦一般乎 間便常
常 聞之未得遠慰 伏悶且悚 武夷人條
藥價八兩八戔 玆以上送考捧 而唐香衣
紙幾片下送之地 伏企耳 餘不備候上
戊戌四月二十五日 戚姪金永皡 再拜

삼가 안부 편지 올립니다.
그 동안 부모님 모시고 사시는 생활은 한결 같
으신지요? 소식은 늘 접하나 멀리서 위로됨을
얻지 못해서 고민되고 송구스럽니다. 무이인 약
값 8냥 8전을 올려 보내드리니 살펴서 받으십
시오. 그리고 당향 몇 편을 종이에 싸서 내려
보내주시기를 바랍니다. 나머지는 이만 줄이고
편지 올립니다.
1898년 4월 25일 척질 김영호 두 번 절합니다.

위 주문장을 보면, 1898년 4월 25일에 척질 김영호金永皡가 무이촌 武夷村 사람이 가져간 약값 8.8냥을 박약국에 보냈다. 김영호는 김일숙이다. 『제약책』을 보면 동년 3월 25일에 박동 김일숙金一淑이 '무이인조武夷人條'로 가미통성산 40첩을 8.8냥에 외상으로 사 갔는데, 그 외상값을 4월 26일에 갚았다. 편지는 25일에 작성했지만, 심부름꾼은 26일에 왔다. 이를 통해 보증인이 보증 외에 수금까지 책임졌음을 알 수 있다. 그래야만 보증인도 박약국과 거래를 지속할 수 있었다.

수금 - 온 친족 동원

따라서 박약국 입장에서는 치밀한 대책이 필요할 수밖에 없었다. 시급히 필요한 것은 외상 파악과 외상 장부 작성이었다. 외상 파악은 판매 장부와 외상 장부를 통해 이중적으로 이루어졌다.

외상을 파악하고 그 장부를 작성했으면 수금에 나서야 한다. 이제 박약국이 외상 수금에 전력을 쏟았던 점에 대해 알아보겠다. 방법은 박약국에서 자기 사람을 외상 한 고객에게 직접 보내어 수금을 독촉하는 것이었다. 여기에는 친인척이 총동원되어 현지에 투입되었다. 1899년 7월 24일에 열수면 용정리 임경로林警路가 소별산消別散 6봉을 샀는데, 이를 '세현거世顯去'라고 하여 용정에 사는 박기현이 가지고 갔다. 큰 집이나 병영에 일 보러 나온 박기현이 돌아가면서 동네 사람의 약 심부름을 한 것이다. 이런 일은 비일비재한 사례로서, 박기현 외의 여러 친족에게서 나타났다. 그리고 그러한 형태의 일은 외상 수금에도 적용되었으니, 구체적으로 살펴보겠다.

①박기현이 외상 수금에 동원되었다. 부친의 요청에 의해 과거시험 공부에 매진한 박기현 역시 약값 외상을 받으러 다니는 일을 행할 수밖에 없었다. 『강재일사』에 의하면, 강재는 그동안 준비해 온 과거시험을 능주에서 치르고서 1893년 9월 20일에 형님 박장현朴

章鉉(1854~1900)의 명을 받들어 약값 외상을 걷기 위해 마을을 출발하여 점심을 최도정崔都正 치순致順 집에서 먹고 그날 인근에 있는 중고 유성삼劉成三 집에서 잠을 잤다. 21일에는 점심을 상고 김채호金采浩 집에서 먹고 용정에서 잠을 잤다. 22일에는 점심을 월남 이장흠李莊欽 집에서 먹고 잠을 이경노李敬魯 집에서 잤다. 23일에는 점심을 여암 이문량李文亮 집에서 먹고 저녁을 오산 사촌 누이 집에서 먹었다. 24일에는 점심을 월송 박화중朴和仲 집에서 먹고 잠을 마음동 정화일丁華日 집에서 잤다. 25일에는 점심을 당곡 당질녀 이춘복李春馥 집에서 먹고 잠을 본돌 김사과金司果 원중原仲 집에서 잤다. 26일에야 점심을 박산 김선재金善哉 집에서 먹고 집에 돌아왔다. 27일에는 또다시 약값을 받으러 나가 점심을 도롱 김사욱金士旭 집, 남산 이백흠李白欽 집, 야동 방일상房馹相 집에서 먹었다. 계속 약값 외상을 수금하기 위해 20일부터 27일까지 무려 8일간 병영면과 그 인근 지역을 다녔다. 10월 13일부터도 약값을 걷기 위해 척동 마양삼馬良三, 신기 양사집梁士集, 내동 정인권鄭仁權, 상고 김채오金采浩, 중고 김장오金長五 등의 집을 들렀다. 9·10월이면 추수가 시작되고 있기 때문에 약값 외상을 받으러 다녔을 것이다. 여기에 거명된 사람들은 대부분 약값 외상을 달린 사람들인데, 이는 『약가초기』나 『약가봉상책』을 통해 확인할 수 있다. 그 가운데 박화중, 정화일, 방일상은 『각처각국거래책』에 나오는 도매상이다.

②박윤삼朴允三이 동원되었다. 『약가봉상책』을 보면, 박윤삼이 1901년 10월 28일에 해남 오치홍吳致洪으로부터 1냥을, 10월 그믐에 영암 박내욱朴乃旭으로부터 0.8냥을, 11월 3일에 해남 이세화李世和로부터 0.91냥을 거두었다. 그리고 『각처각국거래책』을 보면, 박윤삼은 1901년 11월 그믐에 완도 김봉조로부터 10냥을, 신지도 우봉규로부터 5냥을 거두었다. 이때 이 일대를 순회한 것 같다. 박윤삼이 받아오면 장부에 '윤삼봉允三捧'으로 기록되어 있다. 윤삼은 윤일允一의 동생일 것 같다. 이 외에 박씨 친족으로 윤일允一[윤홍潤洪], 윤경允敬[윤경潤敬], 덕인德仁[윤수潤洙],[16] 사인士仁, 세길世吉 등도 동원되었다. 박덕인의 예로 보아, 이들은 빠르게는 10대 중후반부터 약국 경영에 투입되었다.

③박재빈의 생질 신재일申在日도 동원되었다. 그는 멀리 완도, 고읍면, 해남, 진도 등지를 전방위적으로 뛰어다니며 외상을 수금하였다. 약재 매입에도 투입되었다. 이런 노력 덕택이었는지, 앞에서 말한 것처럼 박씨가의 농토도 상당히 많이 경작하였다.

④유생柳甥, 오순도吳淳道, 오진화吳進化 등의 매제네 식구들도 투입되었다. 이들은 병영과 멀리 떨어진 강진 금천면(현재 군동면) 거주자이다. 이들 역시 그곳에 있는 박씨가 농토를 경작하였고 박씨

가의 금융자산을 빌려 썼다.

⑤이상의 친족 외에 김치순金致淳, 신정삼申正三, 김봉숙, 김일숙 등이 지나가면 그 사람에게 고객들은 외상을 보내기도 하였다. 김치순 등은 병영에 살며 박약국과 친한 사람들로서 그들 역시 상업 활동을 하고 있었기 때문에, 자기 일 보면서 박약국 일도 봐주었던 것이다.

그러면 이들 친족이나 병영인에게 수고비가 지급되었을까? 이에 대한 정확한 단서는 보이지 않는다. 하지만 이들은 대부분 박씨가의 토지를 경작하거나 자본을 빌려 썼는데, 많은 토지를 경작하거나 거금을 저리로 빌린 것으로 보아 남보다 좋은 혜택을 누렸다고 볼 수 있다. 그리고 지인들에 대한 혼부婚賻로 0.2-0.3냥을 낸 것에 비하면(『용하일기』), 박세길의 경우 "세길조혼전삼십냥급世吉助婚錢三十兩給"이라 하여 30냥이라는 거금의 축의금을 받은 것이다(『각인처전곡거래책』). 이런 여러 형태의 우대는 결국 박약국의 핵심적인 경제 공동체원에게 수고비 형태로 취해준 것으로 보여진다.

이처럼, 2중 3중으로 외상을 파악한 후 친족을 총동원하여 독촉에 나서도 수금액은 그리 많지 않았다. 그러므로 거금을 장기간 체불한 사람이 많았다. 일반 소비자의 현황을 알아보기 위해 『약가초기』를 보자. 고군내면 김오위장은 1897년 현재 외상은 병신년

(1896년) 것 2.46냥, 을미년(1895년) 것 1.8냥, 이전 것 62냥 등 모두 66.26냥이었다. 많기도 하지만 장기 체불되고 있었다. 실제 외상값이 몇 전 몇 푼 되는 사람이 많지만, 김오위장 외에 10냥, 11냥, 12냥, 16냥, 17냥(2인), 19냥, 20냥, 22냥, 24냥, 43냥, 44냥, 57냥, 73냥 등 10냥 이상자가 무려 15인이나 되었다. 이들 것만 합산해도 무려 451냥에 이른다.

중간 도매상의 현황을 알아보기 위해 『각처각국거래책』을 보자. 완도 김봉조의 경우 갑오년(1894) 9월까지 세음細音한 외상이 무려 400냥이었다. 이를 을미년(1895)에 20냥, 병신년(1896)에 41냥, 경자년(1900)에 10.86냥을 각각 상환하니, 남은 외상이 328.14냥이었다. 생재를 가져가면서 일부를 즉상하고 일부를 또 외상하니, 신축년(1901) 2월 현재 외상이 333.46냥이었다. 이를 신축년 11월에 박윤삼이 10냥을, 정미년(1907년) 3월에 김치순金致淳이 15냥을 수금해 왔다. 그렇다면 308.46냥이 장기간 외상으로 남은 셈이다. 도매상 51곳이 이런 상태였다면, 그들이 진 외상 액수는 엄청났을 것이다.

이를 통해 당시 농촌사회의 지불 관행과 박씨가의 경영방침을 엿볼 수 있다. 우선은 당시 농촌사회에서 비록 몇 푼 정도의 소액일지라도 외상 거래가 일반화되었을뿐더러 장기 미상환자가 상당수 존재하였다는 점이다. 외상의 장기 체납과 함께 대출에 대한 높은 미

회수율도 당시 큰 문제였던 것 같다. 영암 남평문씨의 1741~1927년 족계에서 연리 40-50%를 조건으로 대출한 조와 전의 회수율이 66%에 불과하였다고 한다.[17] 따라서 당시 자산운용 측면에서 외상과 대출에 대한 관리가 관건이었다고 볼 수 있다. 또 손때가 많이 묻어 문서가 매우 닳아져 있는 정황과 물리력을 동원하여 특별하게 외상 독촉을 행하지 않았다는 점으로 미루어 박씨가의 경영방침이 신용과 인화를 주요한 덕목으로 내세웠을 것이다.

나오는 말

　강진의 전라병영(현 전라남도 강진군 병영면)에서 19세기 말에서 20세기 초까지 영업하였던 박약국은 크게 세 종류의 장부를 남겼다.

　이 가운데 1892~1902년 구매한 약재 현황을 기록한 장부[『무약기』]를 분석하여 박약국의 약재 매입 실태는 물론이고 약재상인, 약재 가격, 결제 방법, 물류 이동 시스템을 알아보았고, 이를 통해 당시 농촌사회의 거래 관행이나 매매 문화 및 상인 존재 양태나 물류 시스템을 알게 되었다.

　그리고 현존 1896~1899년 의약 판매 현황을 기록한 장부[『제약책』]를 분석하여 고객 거주지, 방문 일자, 고객 구성, 내왕 횟수, 결제 방법, 고객 관리 등 당시의 의약·약재 거래 관행과 거래된 의약의 종류, 값, 마진, 계절·질병별 수요를 알아보았고, 이를 통해 우리의 과거 거래 관행을 계량화하여 입증하고 한국사회의 기층문화와 그 지속성을 알게 되었다.

　마지막으로 약값을 밀린 고객을 대상으로 한 장부[『약가봉상책』]를 분석하여 당시의 외상 실태와 거래 관행 그리고 고객 관리를 위한 박약국의 경영사적 측면을 알아보았다.

이상의 분석을 자산운용 장부와 개인 기록물 및 지역 자료와 접목한 결과 우리는 약국의 운영 실상과 의약 소비의 실태, 회계 문화의 실상과 상거래의 관행, 가정과 약국과의 관련성을 토대로 한 지역경제의 특성 등 크게 세 가지 주제를 살펴볼 수 있었다.

이제 남은 과제가 있다. 한때 국민 건강을 지켜왔던 전통 한약방이 오너의 퇴장과 함께 오늘날 급속도로 줄어들고 있고, 그러면서 전통 의학에 종사하였던 분들의 가업도 계승되지 않고 소멸 국면으로 접어들고 있다. 이러한 상황에서 전국에 산재해 있는 전통 의약 자료가 인멸될 수밖에 없다. 앞에서도 말한 것처럼, 전통 의학 자료는 우리의 뿌리 깊은 기층문화를 알려준다는 점에서, 그리고 오랜 경험을 토대로 우리 체질에 맞는 비법도 있을 법하다는 점에서 의의가 있기 때문에 자료의 수집·정리·연구 등 시급한 대책이 절실한 상황이다.

주석

1. 박약국의 설립

1 이 글은 필자의 『전라도 강진 병영의 박약국 연구』, 2022를 토대로 새로운 자료를 추가하여 재구성한 것임을 밝혀둔다.

2 『변강쇠전』 속의 의약

　탕약(12종): 구룡군자탕, 구미강활탕, 보중익기탕, 사물탕, 삼백탕, 십전대보탕, 육미탕, 이진탕, 자음강화탕, 칠기탕, 팔물탕, 황기건중탕.

　환약(10종): 가미지황환, 고암심신환, 광제환, 백발환, 비급환, 사청환, 소합환, 천을환, 청심환, 포룡환.

　산약(5종): 곽향정기산, 방풍통성산, 향사평위산, 오령산, 형방패독산.

　고약(2종): 경옥고, 신선고.

　음약(1종): 일청음.

3 『행농보감』은 45개 질병 이름을 나열하고, 그에 대한 증상과 처방약을 제시했다. 예를 들면, 풍風이라는 항목을 제시하고, 이어 풍에 대한 정의를 내리고, 마지막으로 풍을 치료하는 의약 이름을 나열하고 그 각각에 대한 용도·조제법·특징 등을 설명했다. 그리고 부록으로 자신이 생각한 의학론을 제시했는데, 폐병(결핵, 늑막염)에 관한 전문가였던 것으로 보인다.

4 박약국 자료에 목촌상점은 목촌국, 목촌국상점, 목촌국약방, 목촌약방 등으로 적혀 있다. 사업소는 부산항에 있었고 박약국에 많은 약재(국내산, 일본산, 중국산)와 의약(금계랍)을 판매한 사실은 확인되는데, 어떤 사람이 운영하고 어떤 활동을 했는지에 대해서는 현재 확인되지 않고 있다.

5 홍동현, 「강진지역 동학농민전쟁의 지역적 특성과 『경세유표』 전래설」, 『역사와 실학』 67, 역사실학회, 2018.

3. 어느 날에, 어떤 사람이?

6 정성희, 「대한제국기 太陽曆의 시행과 曆書의 변화」, 『國史館論叢』 103, 國史編纂委員會, 2003.

4. 고객은 누구이고, 어떤 관계인가?

7 박진철, 『조선시대 향리층의 지속성과 변화-나주사례』, 한국학술정보, 2007.
8 손병규, 『호적(1606-1923)-호구기록으로 본 조선의 문화사』, 휴머니스트, 2007.
9 이 외에 박약국의 수입원으로는 소를 이식하는 우도牛賭, 고군을 투입한 직조, 백목·생저·진사·생초 등 직물 매매 등도 있었다. 이 가운데 직물은 매입 후 자체 처분도 하였지만, 교환 수단으로도 이용되었다(약령시로 약재 매입하러 갈 때 가지고 간 기사가 각종 장부에 등장한다).

5. 팔려나간 약재·의약은?

10 이 외에 마약馬藥(말 치료 약)을 3회, 연철鉛鐵을 1회, 백지白紙를 4회 판매한바도 있다. 병영의 군마를 대상으로 수요가 있었을 것이고 민간 수요도

있어서 박약국은 마약을 비치해두었을 것 같다.

11 나노인은 박약국을 12회에 걸쳐 방문하여 모두 25종의 약재를 50냥 값에 판매하였으니, 약재를 전문적으로 취급하는 종합 약재상이었음에 분명하다.

12 박씨가에 소장되어 있는 의서로는 『東醫寶鑑』, 『醫學入門』, 『補瀉方單』, 『麻科會通』, 『種痘方書』, 『痘科彙編』, 『麻方統彙』, 『小兒方』, 『萬病回春』, 『胎産秘書』, 『臟腑總論』, 『經驗方』, 『家庭療法』 등이 조사되었다. 따라서 이들 의서는 박약국 소장 의서로 보아야 함이 마땅할 것이다.

13 신동원, 『조선의약 생활사』, 들녘, 2014.

14 박약국의 일일 가계부에 해당되는 『용하일기用下日記』를 보면, 1897~1899년에 1일 일꾼 인건비인 일고가日雇價가 기록되어 있다. 치포治圃 고군에 0.1냥, 직루織縷·탄면彈綿 고군에 0.2냥, 운전耘田·타조打租 고군에 0.5냥, 이종移種 고군에 2냥이 각각 일당으로 지급되었다. 따라서 대부분의 1일 인건비가 0.5냥을 넘지 않았다.

15 임종국, 『한국인의 생활과 풍속(하)』, 아세아문화사, 1996, 250쪽.

16 朴載鼎 - 昌鉉 - 潤洪·潤敬·潤洙(1880~1925, 자 德仁)
　　　　載彬 - 章鉉 - 潤瑗
　　　　　　 - 冀鉉 - 潤亮

17 김건태, 「19세기 회계자료에 담긴 실상과 허상」, 『고문서연구』 43, 한국고문서학회, 2013, 219쪽.

참고문헌

1. 자료

『各人債給及貸給與債得用記』.

『各人處錢穀去來日記』.

『各處各局去來冊』.

『剛齋日史』.

『開城坪造役所入記』.

『契案』.

『古郡古邑梨旨列樹草谷安住等處藥價抄冊』.

『雇軍日記』.

『樂山洞契案』.

『樂山里戶籍中草冊』(丁酉式).

『樂山里戶籍成冊』(戊戌二月).

『樂山戶籍艸』(戊戌閏三月).

『挽詞集』.

『貿藥錄』.

『兵營養老堂誌』.

『賻儀錄』.

『藥價捧上冊』.

『藥價抄記』.

『藥價抄冊』.

『用下日記』.

『乙未四月公州令貿藥記』.

『乙未秋秋勘執石記』.

『鵲川面兵營面唵川面 養老堂稧員芳名名單』.

『製藥冊』.

『下古里大同契案』.

2. 단행본

강병수, 『전통 한의학을 찾아서』, 동아문화사, 2005.

강진군, 『강진군 마을사』(병영면편), 1991.

강진군·조선대학교박물관, 『전라병영사연구』, 1999.

권병탁, 『대구약령시』, 영남대학교 출판부, 1986.

김덕진, 『손에 잡히는 강진역사』, 남양미디어, 2015.

＿＿＿, 『포구와 지역경제사』, 선인, 2022a.

＿＿＿, 『전라도 강진 병영의 박약국 연구』, 선인, 2022b.

박윤재, 『한국근대의학의 기원』, 혜안, 2005.

박진철, 『조선시대 향리층의 지속성과 변화－나주사례』, 한국학술정보, 2007.

손병규, 『호적(1606-1923)－호구기록으로 본 조선의 문화사』, 휴머니스트, 2007.

신동원, 『한국근대보건의료사』, 한울, 1997.

＿＿＿, 『조선의약 생활사』, 들녘, 2014.

연세대학교 의학사연구소, 『한의학, 식민지를 앓다』, 아카넷, 2008.

임종국, 『한국인의 생활과 풍속(하)』, 아세아문화사, 1996.

한국고문서학회, 『조선시대생활사 2－약국과 의원』, 역사비평사, 2000.

3. 논문

고동환, 「조선후기~한말 신용거래의 발달 - 어음과 환을 중심으로」, 『지방사와 지방문화』 13(2), 역사문화학회, 2010.

김건태, 「19세기 회계자료에 담긴 실상과 허상」, 『고문서연구』 43, 한국고문서학회, 2013.

박경용, 「대구 약령시 업권과 전통의약의 생활문화」, 『한국민족문화』 27, 부산대학교 한국민족문화연구소, 2006.

박훈평, 「조선시대 의관직 심약에 대한 고찰」, 『한국의사학회지』 28(2), 한국의사학회, 2015.

송양섭, 「조선후기 강진병영의 지휘체계와 군수조달」, 『역사학연구』 52, 호남사학회, 2013.

여인석, 「학질에서 말라리아로: 한국 근대 말라리아의 역사(1876~1945)」, 『의사학』 20(1), 대한의사학회, 2011.

이헌창, 「19세기·20세기초 상거래 회계문서로서의 장기에 관한 연구」, 『고문서연구』 35, 한국고문서학회, 2009.

정성희, 「대한제국기 太陽曆의 시행과 曆書의 변화」, 『國史館論叢』 103, 國史編纂委員會, 2003.

홍동현, 「강진지역 동학농민전쟁의 지역적 특성과 『경세유표』 전래설」, 『역사와 실학』 67, 역사실학회, 2018.